英语翻译和混合式教学理论与实践研究

涂晓韦 著

延边大学出版社

图书在版编目（CIP）数据

英语翻译和混合式教学理论与实践研究 / 涂晓韦著
. -- 延吉 : 延边大学出版社, 2020.12
ISBN 978-7-230-00718-4

Ⅰ. ①英… Ⅱ. ①涂… Ⅲ. ①英语－翻译－教学研究
－高等学校 Ⅳ. ①H315.9

中国版本图书馆 CIP 数据核字(2020)第 255251 号

英语翻译和混合式教学理论与实践研究

著　　者：涂晓韦
责任编辑：郑明昱
封面设计：延大兴业
出版发行：延边大学出版社
社　　址：吉林省延吉市公园路 977 号　　邮　　编：133002
网　　址：http://www.ydcbs.com　　E-mail：ydcbs@ydcbs.com
电　　话：0433-2732435　　传　　真：0433-2732434
制　　作：山东延大兴业文化传媒有限责任公司
印　　刷：延边延大兴业数码印务有限责任公司
开　　本：787×1092　1/16
印　　张：10.75
字　　数：200 千字
版　　次：2022 年 3 月 第 1 版
印　　次：2022 年 3 月 第 1 次印刷
书　　号：ISBN 978-7-230-00718-4

定价：46.00 元

作者简介

涂晓韦，女，中共党员，中原工学院外国语学院讲师，河南省中外合作办学专家。主要从事大学英语、研究生英语教学及外事管理工作，主要研究方向为英语教育、翻译理论、外事政策。

前 言

长期以来，各领域学者对翻译理论与实践教学关系的探讨，都是各持己见、互不相让，难以取得一致的结果。笔者认为，翻译理论与实践教学之间的关系应该是互相依存、相辅相成的。

混合式教学模式于2003年提出，主要是为了改变教学模式的现状。所谓混合式教学模式，就是合理地结合传统教学模式与现代化教学模式，使其碰撞出新的火花。这一教学模式中，教师和学生要端正各自的态度，尤其要转变传统教学模式中教师占据主导地位的思想。教师要充分尊重学生，当学生的聆听者，将学生放在主体地位，这样教师和学生之间的互动才能更加自然。同时，在这种教学模式中，教师要善于运用多媒体、互联网等多种手段，创新自己的课堂教学方式。教师通过互联网也可以加强与外界的沟通与交流，丰富自己的教学资源。

混合式教学模式是面对面教学与网络教学，即线下学习与线上教学相结合的教学模式，是通过综合利用两者的优势来实现教学效益最大化的一种教学方式。混合式教学模式能够拓宽教学实施者和教学环境的作用范围，创造更高效、更广泛的学习、交流空间。

大学英语翻译教学在课程设置、教材内容、教学方法、教学评估方式、教师与学生的翻译能力方面存在着很大的提升空间，而混合式教学模式能很好地补充这一空间。

目录

第一章　混合式教学理论研究

第一节　混合式教学的文化构建

传统的教学模式已经不能满足当今信息与创新时代的要求，“互联网+教育”已呈现出传统课堂教学与网络教学并存、融合之态，即混合式教学。混合式教学结合了网络教学与传统课堂教学的优点，弥补了各自的缺点，近乎完美地构建出一个“以学生为中心”的教育体系。《国家教育事业发展“十三五”规划》明确提出：“全力推动信息技术与教育教学深度融合。建设课程教学与应用服务有机结合的优质在线开放课程和资源库，全面推进‘优质资源班班通’，鼓励教师利用信息技术提升教学水平、创新教学模式，利用翻转课堂、混合式教学等多种方式用好优质数字资源。”

当前有关混合式教学的研究与实践成果丰硕，但关于混合式教学的改革与实践却只局限于“一课”。混合式教学大范围的推广举步维艰，其原因在于缺少学校文化系统的建立。著名的“乔布斯之问”——为什么计算机几乎改变了所有领域，却唯独对学校教育的影响小得令人吃惊？（Why has IT changed almost every field, with the exception of education?）此问题的回答启示我们，一种新型技术与教学模式如果要发生作用，必须在两者间建立一种文化关联。

一、混合式教学研究与实践现状

（一）混合式学习与混合式教学

2003 年北京师范大学何克抗教授将混合式学习引入国内，众多学者对混合式学习进行了跟踪研究。笔者在中国知网检索相关信息后发现，存在“混合式教学”与“混合式学习”两种称呼，“混合式学习”的使用为更普遍。通过对这两个定义进行分析发现，两者概念本质相同，可以互相替换。

本书采用“混合式教学”这一说法的原因主要有三：一是混合式教学中的线上线下活动，其过程依然是师生的双边活动；二是混合式教学多应用于普通学校，能将网络教学与传统课程教学相结合；三是更强调教师在教学中的主动地位及其重要作用。有效的混合式教学系统对教师而言，不是替代而是助力。《混合式学习：用颠覆式创新推动教育革命》一书中提出对混合式学习的定义，即混合式学习是建立在传统学习与网络学习二元合一，以及对学习、课程、教师等概念深刻理解的基础上，形成的一种新的学习范式。鉴于两者概念在本质上相同，且笔者认为此定义更加全面深刻，故将该定义作为本研究中的混合式教学的定义。同时，混合式教学体现出的“系统观”也是本研究的启发点。

（二）混合式教学研究与实践现状

目前，对混合式教学的研究不断增加。研究内容包括对混合式教学的产生发展、本质内涵、理论基础、特征分类、模式构建、教学设计、技术环境、学习效果、实践验证等方面的分析。虽然有关混合式教学的研究与实践还在深化拓展，但仍然存在不足，如目前国内几乎没有关于混合式教学的文化研究，导致混合式教学的开展缺乏大环境的支持。以清华大学为代表的许多高校都开展了对这一项目的教学改革实践，其程度与范围各不相同。有关混合式教学的研究与实践表明，这种新的教学范式将会给整个教学系统带来质的改变。这让混合式教学的支持者们非常乐观，但真正能决定这种模式的推广时间及范围的却是学校相关领导与管理部门。他们看到了变化，但又必须通盘考量、谨慎抉择。采用这种模式将会使学校的制度改变，从我国现有的研究与实践来看，我国高校缺乏混合式教学运行的相关机制以及对相关制度进行研究与探索的支撑。

（三）混合式教学的施行困境

目前，混合式教学的改革实践集中于高校且只局限于“一课”，而难以推广。究其原因，一是传统课堂教学与网络教学是两种不同的教学系统，而混合式教学两者“兼容”，这就必然导致其运行机制的复杂性；二是我们必须承认，全日制学校以传统课堂教学为主形成的教学文化规范与混合式教学要求的文化规范存在一定限制因素，如学校领导对混合式教学的理解与支持程度，教师对混合式教学的认知、施行能力，学生的学习习惯与需求，现行的混合式教学所处的模式、范围以及质量等。

学校如果想大范围开展混合式教学，就必须把握全局，把混合式教学置于学校战略层面，自上而下地推进。同时，也就要求我们构建一个可以使混合式教学开花结果的文化环境。

二、高校混合式教学的文化构建

广义的文化是人类在社会历史发展过程中创造的物质财富和精神财富的总和。它包括物质文化、制度文化和心理文化三个方面。狭义的文化就是在一定的物质生产方式的基础上发生和发展的社会精神生活形式的总和，指社会的意识形态以及与之相适应的制度和组织机构。结合有关对狭义文化及组织文化的定义、内涵、结构、层次、作用等的研究，笔者认为混合式教学文化是指在教育教学过程中，支持师生开展线上线下教学活动的有关理念、规章制度、组织机构的总和。

（一）混合式教学理念的构建

当今社会需要知识型与创新型的劳动者，这就要求我们构建“以学生为中心”的教育理念，满足学生学习的“个性化”与“基于能力”两个需求，而混合式教学能很好地兼容“个性化”与“基于能力”的学习。

学校领导、教师、学生，三者对混合式教学的正确认识意义重大。校领导的理解与支持、教师的推动与实施、学生的参与和支持是混合式教学能够大范围推广的关键。构建学校层次的混合式教学理念十分重要，目前已经有高校构建了学校层次的混合式教学理念，如清华大学的“基于混合式教育学位项目促进专业硕士招生培养模式改革”与山东淄博市“荆家中学混合式教学改革”。

（二）混合式教学规章制度的构建

目前，部分高校及中小学都开展了混合式教学改革实践，但大多数都停留在简单整合的层面。即使少部分学校进行深度整合，也几乎都是作为学校立项的教改项目，有项目的条件支持。教学实践中，大部分教师处于想做却苦于缺乏相关教学规章制度支撑的状态，如存在网络教学活动不被纳入计酬工资范围的问题等。

除此之外，教学管理与监督部门对一些网络教学的管理和认定也缺乏相关制度。混合式教学规章制度涉及平台与课程的建设、运行机制、教师行为、工作量化、学生选课、学习方式、学分认定、考核方式、财务收支、技术保障、机构职能以及教师培训等方方面面。这些涉及整个学校教学制度的变革，是复杂的、全方位的。适当的混合式教学规章制度必须建立在对混合式教学深刻理解的基础之上，同时还须借鉴优秀的成功案例，在与自身条件结合后，因地制宜地执行。

（三）混合式教学组织机构的建立

混合式教学实践证明，即使学校给予教师充分的自主权去就一门课程开展混合式教学改革实践，其成果也未必尽如人意。其原因在于个人无力改变学校的规章制度，难以协调与其他部门和科系的关系。

建立一个有效的混合式教学组织机构，能很好地解决这个问题。这个机构应包括：学科课程教学团队、技术支持团队、领导专家团队、评估协调团队。学科课程教学团队负责教学问题，完成教学活动；技术支持团队提供线上技术环境的构建与维护；领导专家团队负责协调与其他职能科室之间的关系，争取学校政策与制度的变通支持，为宏观教学理念、教学设计等问题提供咨询与培训服务；评估协调团队处于领导专家与其他团队之间，协调各团队之间的工作，并对教学与协同工作效果进行评估、总结，并负责推广。各部门只需专注处理自己职能领域范围内的问题，各司其职、各尽其能，以达到协同完成混合式教学项目实践的目的。

第二节 混合式教学质量监控

随着全国混合式教学的开展和教学改革的不断深入，课前—课中—课后的混合式教学模式已被大部分教师和学生所接受。课前，教师构建并发布导学信息、学习资源、学习任务与活动；课中，提供在线答疑、对学生学习行为的评估，调整课堂讲解内容；课后，进行总结性评价、教学反思与教学记录，给出拓展问题并答疑。然而，教师应该采用哪种教学质量评估方法来监控教学质量和教学效果，人们对此还存在许多疑惑。

本节针对混合式教学的不同过程，分别进行教学质量调查方式研究，以《农业生态学》课程为例，分析学生在学习中的反馈方式，探究行之有效的教学质量监控方法。

一、课前教学质量监控

从教学计划来说，课前教学质量监控应从教学的理念、对学生的了解、对课程的理解、目标设置、策略选择、评估方法、检查教学计划、讨论访谈等方面进行质量检测。教师在前期准备阶段应根据前期学生的反馈调整教学内容，预测课堂教学中可能出现的问题，同时对教学设计和预期目标的合理性、教学内容的理解分析是否正确等方面进一步分析，再一次完善教学方式和教学资源。

教学质量监控的主体通常是学生，教师主要针对已掌握相关知识的学生进行调查分析研究。不过，教师和学生在教学质量监控中都占据着重要位置。比如，在课前教学质量监控中，我们应从教师如何备课、教学设计是否合理、能否顺利完成预期教学过程、本节课的教学目标是什么、如何调整本节课的教学设计、是否考虑学生的想法、教学如何与学生的想法相结合、本节课的辅助教学资源是否充足、如何解决教学资源不充分的问题等方面进行调查与分析，从不同角度全面监控教学质量。

二、课中教学质量监控

根据学习内容，教师应设置具有导向性的课堂问题，并围绕问题开展教学活动。由学生个人或通过小组讨论的方式参与问题的分析与解决。以《农业生态学》32 个总学时为例，教师每周进行一次调查，调查时间选择在课间的 5 分钟，采用统一规格的调查问卷，让学生充分思考并写下答案。调查的问题主要有：本节课的主要内容有哪些，授课内容是否清楚，对近期教师的授课方式有什么好的建议和意见等。此外，课程结束时要求学生匿名做一次针对本节课的教学评价。学生的教学评价是对教师和自己负责的表现，教师也可以根据调查结果及时调整教学内容。

三、课后教学质量监控

（一）成绩测验

混合式教学成绩主要包括在线作业、上机作业、在线测试、调查问卷、网上学习时长等。成绩测验可以是纸笔式的，也可以是表现式的；结果可以量化，也可以非量化。

（二）课后调查

课后调查主要通过匿名方式。调查问卷以主观题为主，让学生尽可能表达对课程及教师的意见与建议。课后调查有利于教师了解学生对任课教师以及课堂教学的真实想法，掌握学生的学习状况及学习效果。同时，可以通过学习小组互投等方式选出本节课的最佳学习小组和最佳学员，以此来提高学生学习的积极性和主动性。

（三）知识点答疑讨论

知识点答疑讨论是学生对本节课内容的了解程度和学习深度的重要体现，是课后教学质量评估的重要组成部分。教师通过学生在答疑讨论区提出的问题及讨论结果，可以了解学生在课堂上能否学习到主要知识，能否达到“线上+线下”学习的预期效果，并及时发现教学中存在的问题和遗漏。通过这种方法对教学进行评估，能有效监测整个教学效果。同时，分析学生提出的问题也可以帮助学生厘清思路，教师应合理调整教学方式和教学框架，使其更符合学生的学习要求，以增强学生的满意度，提高学生的学习质量。

（四）教师反思

教师通过分析学生线上学习情况以及课中学习的表现，找出学生的长处与短处，尤其要具体分析学生的短处，以便引起学生的重视并进行改正。根据测试结果发现教学过程的薄弱之处，了解每个学生的知识水平，可以帮助教师提高自身的教学水平。教师能够针对学生反馈的个人学习误区，对不同学生分别提出个性化建议，帮助学生优化学习方式。教师还可以通过微信、QQ 群等方式给学生留言，帮助学生及时解决问题。教师也可以根据学生反馈的信息进行集中讨论，找出自身存在的问题，在实践中逐渐完善教学方式。

（五）课后学习活动的开展

实践是检验真理的唯一标准。通过开展课后学习活动，学生能巩固课程知识，解决在课程学习中遇到的、难以用语言解决的问题；师能检验出学生能否真正消化课堂知识，能否把学到的知识转化为实际行动能力，不再是“纸上谈兵”。

第三节　混合式教学中的交互作用

混合式教学进程中，存在着学生个体、学习行为和学习环境之间的交互作用。通过分析它们的特点、交互形式以及良性交互产生的结果，笔者认为，若想促进混合式教学改革走向完善，需要在课程的选择、课程资源的设定、课程学习的技术支持、课程学习规则的制定等方面做出调整，加强对教师的培训、鼓励和考核以及对专业课程的解构与重构。

混合式教学也称为混合式学习，是突破传统面授而迅速崛起的一种新型授课方式。它是在网络技术迅猛发展的前提下，为充分利用网络条件和资源、提高“教与学”效率，而在教育领域引发的一场改革。这种改革不是对传统模式的简单否定，而是将传统课堂教学和网络教学结合，从而充分体现教师的主导作用和学生的主体作用。同时，教师与学生通过线上、线下两种互动方式完成教学任务，提高教学效果。2003 年，何克抗教授参加了教育技术相关国际会议，并将混合式教学概念引入国内。他认为混合式教学模式

“既要发挥教师引导、启发、监控教学过程的主导作用，又要充分体现学生作为学习过程主体的主动性、积极性与创造性”。

美国等发达国家的教育理念是“以学生为中心”，而我国的教育理念更倾向于“以教师为中心”。“传道、授业、解惑”使教师在知识传授过程中发挥主导作用，而学生则被动接受。虽然这对学生来说有两个好处，一是相对轻松，二是可在短期内接触更多的新知识，但这样的授课方式导致学生对知识的理解和应用效果较差。混合式教学改革要打破“两个好处”，让学生主动参与到学习进程中来，考验学生愿意接受的程度。现阶段，国内学者的研究视域更多集中在某一门课程的混合式教学模式的设计与实施，认为通过制定规则就能约束学生，提高学生自主学习的效率和效果。但舒杭等人认为，混合式教学模式在执行过程中会出现规则逆反的现象，进而会影响预期的教学效果的实现。而多数学者也在探索中发现，现阶段还有不少值得深入研究的难题。大多数学者普遍认为，混合式教学模式的关键是学生的参与热情与配合度，应通过采取激发学生学习行为的各种措施，达到混合式教学的最终目的。混合式教学目前仍然处于探索阶段，需要借助一定的理论基础来进一步分析、识别，并针对识别结果设计混合式教学模式的推行举措，提升混合式教学的学习效果，使教育改革实现质的突破。

一、混合式教学中的交互因素及其特征

所谓交互，是指参与活动的对象之间的交流与互动。广义上来讲，参与活动的对象既包括人，也包含人的行为，还包括人所处的环境因素。加拿大教育家阿尔伯特·班杜拉（Albert Bandura）在“交互决定论”中指出：行为、人的因素、环境因素，实际上是连接与作用的决定因素，即强调三种因

素之间相互影响、相互决定的关系。

在混合式教学中处于主体地位的学生是教学过程的主要参与者，也是教学效果的主要承载者。混合式教学的效果可以看作学生个体、学生的学习行为和学生所处学习环境交互作用、共同影响的结果。影响学生参与效果的内在因素包括学生的学习和认知能力、年龄和性别、生理和心理特征等。由人的因素所派生的行为因素，指学生在混合式教学过程中线上自主学习和线下参与讨论等行为。在混合式教学中，如果只考虑学生，那么教师及其行为以及为学生创造的学习资源将被视作环境因素，从而会影响学习进程和结果。除教师给学生创造的学习环境之外，还包括网络设备、网络平台和网络质量等客观条件，以及由学生群体、学习行为形成的人文环境。在混合式教学开展的过程中，以上因素都将存在于一个无形的系统中，它们相互关联、交互作用，最终决定混合式教学的成果。

二、混合式教学中各因素的交互形式

班杜拉在交互决定论中提出了相互作用的三种形式，即环境是决定行为的潜在因素、人和环境交互决定行为、行为是三者交互的相互作用。混合式教学各因素的交互形式大致有以下几种。

（一）学生与个体行为的交互形式

学生本身所具有的认知水平和学习能力等特质将影响学生的学习行为，而学习行为又进一步改变学生本身所具有的特质。混合式教学初期，学生的特质决定其学习行为。有较高认知水平和学习能力的学生，通常能较快地参与到学习活动中，根据自己的认识和兴趣发现学习中的问题，发表独特见解，能在线下课堂与教师或其他学生探讨和交流。混合式学习中后期，学习行为又会改变学生的特质。积极的学习行为会促进学生认知水平和学习能力的进一步提升，从而对个体特质产生正面影响；而消极的学习行为则只能维持学生学习前的认知水平和学习能力，甚至会使学生的认知水平和学习能力倒退。

（二）个体行为和学习环境的交互形式

学生的学习行为对学习环境产生潜在影响，而学习环境的调整又会引导学生的学习行为向积极或消极的方向发展。如果学生积极饱满的学习热情受到网络教学环境的束缚，他们会通过向教师或学校反馈的方式表达改变对网络环境的诉求，进而满足提高学习效率的愿望。学生的参与度和热情会激励教师为学生提供更优秀更恰当的教学资源，从而使学生的积极学习形成良性循环。一些个体的学习行为还会为其他学生营造正面学习氛围和示范效应，促使多数学生的学习行为逐步趋同，更有利于激发他们的学习热情与参与度。反之，不仅影响教师的教学积极性，也会降低学生的学习热情，使混合式教学的推行进程变得更加艰难。

（三）学习环境与个体的交互形式

学习环境的营造需要个体的共同参与和相互影响，高效运行的网络会为学生参与混合式教学提供便利的硬件设施。教师线上资源的丰富多样和线下教学的灵活、细致会使学生产生愉悦感。良性的学习氛围会增强学生的归属感和努力学习的信念，激发他们的想象力、洞察力。同时，学生个人的提升又是促进环境优化的潜在推动力。

三、学习过程中各因素的动态交互及结果

（一）第一阶段：教师主动、学生被动

混合式教学活动主要改变的是知识传授方式，这也是学校主导的教学改革的重要组成部分，具体由任课教师实施。

学校开展混合式教学活动时，教师通常根据以往的传统授课经验来设定初期的授课内容，学生往往被动参与，并对新颖的授课方式产生较高期望。这一时期，学习环境对学生个体的兴趣、学生的学习行为将产生较大影响；学生个体几乎对学习环境没有太大影响；学习行为则因个体特质而有所差异，适应效率各有不同，但最初差别较小。

（二）第二阶段：学生主动、教师协助

混合式教学活动的逐步推进将改变学生的认知水平。通过线上线下学习，学生对于混合式教学模式的细节设定、平台的功能操作和教学板块、教师上传教学资源的适宜程度及教师在整个课程中发挥的主导作用，都会有一定认识。学生与教师之间的主动权将逐步发生逆转，学生会针对教学资源、教学环节，甚至是教师掌控课堂的水平发表看法。学生的观点、看法一旦传达，任课教师必须做出积极回应，解释问题出现的原因，并尽可能调整教学资源、优化课程设计。这一阶段，教师对于学生诉求的反馈程度和能力，会对学习环境和学生学习行为产生很大的影响。

（三）第三阶段：学生、教师平等互动

学生的积极参与、教师的及时回应有助于使混合式教学上升到较高水平并保持稳定。这一阶段，学生逐步适应混合式教学的节奏，教师能根据学

生的阶段性学习效果和问题反馈，设定更加合理的教学资源和互动方式。由于与教师的互动讨论是线下课程学习的主导方式，学生与教师之间就课程内容、学习难题以及线上资源进行沟通，教师接受学生的建议并对教学资源和引导方式做出合理调整。这一时期，学生个体、学习行为和学习环境在稳定状态下相互适应，三者交互作用发挥“微动力”，促使混合式教学活动进入平台期。

四、实施混合式教学的建议

（一）课程选择的建议

混合式教学并非适用于所有课程，某些理科、实验性强和操作多的课程更适合线下课堂讲授或小组讨论。笔者根据多年授课经验发现，如果想为学生提供丰富的课程资源，主导线上论坛或线下讨论和答疑，教师需要全面掌握课程内容、丰富授课经验，这就需要教师具备至少有 2～3 学期的该门课程授课经验。所以，选择试点课程时需要选择较为成熟的课程，积累经验形成示范效应，并逐渐扩大试点范围，提升教师、学生参与改革的信心和动力。

（二）课程资源的设定

线上或线下学习资源的设定，应以完善学生知识体系、提升参与社会能力为中心。首先，教师应借助座谈会来听取学生的建议，贴近学生熟悉、热衷的渠道，提高课程学习的趣味性；其次，学习资源的体系架构应呈现更多与现实接轨的内容，提高知识的应用性；再次，线上线下学习资源应根据学生的年级、专业、前期学习基础、未来就业需求等内容，实时、合理分配，保证及时性；最后，学习资源的调整应借助课程中后期的学生座谈，充分听取学生的意见，把握学生的需求变化和满意程度，不断优化资源体系，提升学生的学习兴趣。

（三）课程学习的技术支持

现代学生基本熟悉网络操作，这为混合式教学中的线上学习提供了有利条件。通常，线上资源都限定学习平台，对平台内部各模块的熟悉和熟练程度将影响学生的参与效率，这就需要学校统一进行必要的培训或发放统一的培训视频，为混合式教学的顺利开展做好了准备。同时，若要提高线上网络的运行速度，减少学生线上学习不必要的时间浪费。还要设定学生网络学习问题反馈平台，并及时收集、处理课程在学习过程中出现于线上平台的技术问题。

（四）课程学习规则的制定

混合式学习是一种打破常规的学习方式，需要学生付出更多的时间和精力，对学生的自主性要求较高。惰性使部分学生排斥甚至敷衍应对学习，一旦形成不良的学习氛围，就会导致混合式教学活动的低效化。

为防止这一问题的出现，我们应采取以下措施。首先，要明确线上线下的学习规则，合理制定奖罚制度；其次，教师应提高洞察能力，及时制止或纠正学生的违规现象；最后，充分发挥学生的主体性和教师的主导性，教师要及时调整考核规则，激励学生共同参与规则的制定，以此增强学生对学习规则的认同感，提高学生的执行力。

（五）课程的解构

混合式教学为学生创造了课程知识体系、全方位的线上学习和线下讨论模式。混合式教学教师及研究小组在为学生提供讨论环境的同时，帮助学生建立更连贯、更全面的知识体系，避免学生学习内容的重复，进而提高学生的学习效率。教师应科学地制定开课顺序，使学生的学习进程达到由浅入深、循序渐进、从基础到专业的状态，为学生的自主学习和互动交流提供坚实的基础，把学生培养成具有自主性、创新性和适用性的复合型人才。

第四节　高校英语混合式教学模式

互联网技术的不断完善和发展催生了相关领域的改革和创新，教育领域也不例外。“互联网+”模式为高校英语教学改革带来了活力，使高校英语教学不局限于一隅，可以超脱空间的限制，随时随地展开。

目前，高校传统的英语教学模式存在局限性。传统的英语教学模式无法提高教学的有效性和学生的积极性，课堂教学通常流于形式，不能充分发挥学生的英语交际应用能力，致使高校英语的教学效果不佳。随着网络课堂的不断发展完善，英语教学也迎来了改革的大好时机。然而，仅以在线学习为主的网络课堂教学也不可行，教师讲授为主的传统课堂教学依然有其存在的必要性。这就要求构建高校英语混合式教学的新模式。

一、坚持以学生为主体的教学理念，构建混合式的师生关系

建构主义主张个体的认知发展与个体的学习密不可分，充分强调认知的主体作用。混合式教学模式以建构主义的学习理论为指导，认为在学习过

程中，学生才是认知的主体，教师则扮演引导者的角色。

具体来说，在英语混合式教学模式中，教师应该充分尊重学生的主体性，不再过多地干涉学生，摒弃之前“唯教师论”的错误观点，真正把课堂还给学生，引导学生进行自我学习，开展小组讨论，实现学生间的相互评价。同时，教师应该不断提升自身的素质，紧跟时代发展的步伐，运用多媒体技术制作相关的网络课程，及时更新线上线下的学习资料，通过网络平台为学生答疑解惑。

在英语混合式教学模式下，教师应充分开发学生对英语学习的自主性和积极性。此外，还应积极引导学生团结协作、合作学习，以此构建全新的师生关系。进行线上教学时，学生可以自行从网络中获取相关的英语知识；按照个人需求循序渐进地学习；可以随时随地展开个性化地学习。进行线下教学时，教师可以有针对性地集中讲解学生在自主学习时遇到的问题。同时应增加学生开口说英语的次数，课堂不应该只是教师讲，应是学生说。

二、融合多种教学方法，构建立体化混合式教学资源

英语教学作为一门交际用语课程教学，简单有效的教学方法显得尤为重要。英语有多种教学方法，如听说教学法、交际教学法、情境教学法等。不可否认，这些教学法在英语教学中发挥了不可替代的作用，但是经过长期的教学实践发现，单一的教学方法不能解决传统英语教学中存在的弊端。部分教师习惯仅使用一种教学方法，致使课堂乏善可陈，无法调动学生的积极性，不利于高校英语教学质量和效果的提升。

当今网络大环境下，运用英语混合式教学模式，要尽量避免上述情况的发生，还要综合运用各种教学方法。这就要求教师认真钻研各种教学方法的

优缺点，在恰当时机运用恰当的教学方法，真正做到有的放矢。

网络的发展使教学资源的获取变得更方便，这就为获取立体化混合式教学资源提供了可能。网络使应用于课堂的学习资源和教材资源、他人的学习资源、课外的学习资源等多种学习资源易于获取。英语教学的学习资源不应局限于学校统一配发的纸质教材和教师提供的千篇一律的音频或视频素材，而应该广泛拓展至充分满足学生学习或阅读需求的网络平台。从网络平台上，学生可以自行查阅能够满足自身学习需求的资源，还可共享丰富的国内外学习资源，并依据这些学习资源与不同的人进行有效的互动。同时，教师还可以录制微课视频，上传至平台，或利用网络直播或者在线会话的方式为学生答疑解惑。

三、优化英语课堂教学结构，构建多元化混合式教学评价

高校英语混合式教学模式的一大特征是多媒体技术的交互性。多媒体技术的应用使枯燥无味的文字变得生动，极大地激发了学生的学习积极性。教师应该起引导作用，尽可能引导学生通过不同渠道、不同角度、不同形式来学习英语。这种英语学习方法比单纯的教师教授的学习更加有趣，使学生更愿意运用英语。

构建一个好的英语课程评价体系应该做到以下几点：学生作为评价的主体，应该得到充分的尊重；评价方式应该从单一走向多元；终结性评价和过程性评价都应该得到关注。如果想构建英语混合式教学模式，就需要有与之相匹配的评价体系，并对其效果进行有效评估。高校英语混合式教学模式

背景下的教学评价，经由多媒体技术与网络技术的结合，不仅实现了评价方式的可选择性和多元性，还实现了学习过程和结果的真正统一。例如，教师不仅可以运用小组竞赛的方式评价学生的学习活动，还可以进行教师与学生之间、学生与学生之间的互评以及学生的自我评价，促使教师和学生互相监督，了解自己的客观评价，以便进行自我完善。高校英语教师应该对学生的自主学习情况、课堂教学中学生的表现、当堂测验、课堂活动参与情况等做出相应的过程性评价，不能完全放任学生。此外，还应测试学生的英语应用能力，从总体上形成终结性评价。

混合式教学模式对教师和学生来说，都是一种全新的学习模式。它不仅延伸了英语课堂教学的传统渠道，还充分肯定了学生的主体地位和教师的主导作用，使学生的自主学习能力得到了提升，这正是我国现代教育教学模式的一大发展趋势。

在构建高校英语混合式教学模式的应用过程中，教师还应该注意以下几点：一是要以书本知识为教学基础。混合式教学模式只是一种教学方法，其教学内容不应脱离课本，各种课外学习资源只是辅助，以帮助学生更好地消化吸收课本知识。二是实现线上归纳与线下引导的巧妙结合。教师应在线上做好知识的聚合和归纳，并在线下引导学生进行发散性学习。三是进行自主合作探索学习。开展多元化的课堂教学，注重线下互动，并利用互联网进行课内和课外的双向互动，综合运用网络资源，促使学生自主进行英语知识的全面探究。四是注重创新教学理念。教师在教学的过程中不应完全排斥网络上的英语教学内容，也不应完全依赖线上教学方式，而是应该把握英语课堂实践的要点，综合运用网络教学资源，科学调整课堂教学方式，有目标地进行教学规划。

第二章　英语翻译概述

第一节　英语翻译概述

人类历史上最早的翻译方式并不是语言上的转换，而是依靠身体语言传递信息，实现部落之间的交流。随着历史的变迁及时代的发展，人类有了自己的语言，部落、国家都有了各自的语言。翻译在人们生活和学习中扮演着至关重要的角色。从小范围来说，翻译能使不同民族、不同国家的人进行交流。从大范围看，翻译让人们了解了不同地区、不同时代背景下的人类智慧，增强了世界的联系，使世界变为一个密不可分的整体。那么究竟什么是翻译，怎样去定义翻译呢？

针对翻译的定义，学术界达成共识。《现代汉语词典》中对翻译的定义是：把一种语言文字的意义用另一种语言文字表达出来；把代表语言文字的符号或数码用语言文字表达出来。美国的《韦氏新大学辞典》对翻译的定义是：转化成本族语言或另一种语言（to turn into one's own language or another language）。

翻译的定义不外乎有三个重点，即原文、译文、转化。以下重点讨论转化这一环节。译者在翻译过程中仅追求字与字、句与句之间的形式转化是不切实际的。可以说，原文中的每一个字、每一句话都有其特定的语境或文化背景，并不是孤立地写出或说出的。如果译者在翻译时生搬硬套，那么在很大程度上会造成读者的误解。

例如：

What does a politician do after he is dead？

政客死后做什么？

Lie still.

继续躺着。

“Lie still.”确实有“继续躺着。”的意思，但在这里仅凭字面意思去翻译显然是错误的。实际上“Lie still.”在这里的意思是“继续说谎。”用来讽刺一些政客虚伪、爱扭曲事实的本质。

通过这个例子我们可以看出，仅从字面意思去翻译原文有时会说不通，会导致读者无法理解原作的内容和含义，更无法剖析文章深层次的内涵了。所以，译者在翻译过程中必须结合语境，了解原文的文化背景，在进行语言转化时一定要把原文所表达的信息、风格、含义考虑在内，这样翻译出的译文才会顺畅，更易读者理解。

第二节　英语翻译的分类

英语翻译的性质可以从不同的角度来定义，同样，英语翻译的种类也可以从不同的视域来分类。一般来说，英语翻译可以从五个不同的角度来分类：

（1）从译出语和译入语的角度分类，英语翻译可分为本族语译为外语、外语译为本族语。

（2）从涉及的语言符号分类，英语翻译可分为语内翻译（intralingual translation）、语际翻译（interlingual translation）和符际翻译（intersemiotic translation）。

（3）从手段分类，英语翻译可分为口译（interpreting）、笔译（translation）和机器翻译（machine translation）。口译（interpreting）又可分为交替传译（consecutive interpreting），简称 CI，又称即席口译、连读口译，译者在讲话人讲完一部分或全部讲完后再翻译给听众；同声传译（simultaneous interpreting），简称 SI，又称同步口译，译者在发言人讲话的同时边听边译。

（4）从题材分类，英语翻译可分为专业文献翻译（professional literature translation），如科技、商务、外交、旅游、军事等；文学翻译（literary translation），如小说、散文、戏剧、诗歌等；一般性翻译（general translation），如宣传品、广告、海报等。

（5）从处理方式分类，英语翻译可分为全译（full translation）、摘译（partial translation）和编译（translation plus editing）。

第三节　英语翻译的基本方法

对英语翻译的研究一直是英语语言学习中的重点。随着社会的发展，越来越多英语学习者想要持续提高英语翻译能力，并掌握英汉语转化的规律及其方法。

一、词义的判断和联想

（一）根据词类

在选择字词意义时，首先判断该词在句中的词类，然后依据词类选择适当的意义。例如，round 和 up 在例句中有形容词、副词、介词和动词的用法，所以它们的含义及翻译会有差异。

（1）round 为形容词时：

He has got a mellow, round voice.

他的声线圆润嘹亮。

（2）round 为副词时：

Come round and see my new house today.

今天来看看我的新房子吧。

（3）up 为介词时：

The ship is sailing up the river.

这艘船向河的上游驶去。

（4）up 为动词时：

Prices are being upped by 15%.

价格上涨了 15%。

（二）根据字词的搭配习惯

英汉词语的搭配也存在较大区别，主要是动词和宾语、名词和形容词的搭配。学生在遇到这类情况时，需要按照汉语的习惯来处理。

（1）动词和宾语：

She killed a robber.

她杀死了一个强盗。

I had to kill five hours.

我不得不打发五个小时的时间。

（2）形容词和名词：

He is a strong man.

他是一个强壮的男人。

She made a strong case for cutting taxes.

她为减税列出了充足的理由。

（三）根据字词的场景

同样的英语字词在不同场合也会有不同的含义，学生在遇到这类情况时应仔细考虑特定的场景以及前后文的关联，选择最佳词义。

The explosion claimed four lives.

爆炸导致 4 人丧生。

This case claimed their first attention.

他们需要重点关注这个案例。

claim 的名词意思是：声称；（尤指对财产、土地等要求拥有的）所有权。但如果译者引用字典的翻译，表达就会生硬，甚至出现歧义。

二、增加字词

（1）根据汉语表述习惯和意义上的需要，添加形式上缺少的原英文含义部分。

In my first year of study, I had a lot of grammar and spelling mistakes.

在我学习英语的第一年，我有很多语法和拼写错误。

明喻在英译汉中一般都采用直译的翻译方法。但是如果喻体和主体关系不是很直接，那么直译会让读者难以理解，这时候就需要采用意译的方法。

His brother has been as sulky as a bear since he lost his job.

他的弟弟失业后，脾气变得很暴躁。

Either you do it, or I will get somebody who will.

要么你去做，要么我派愿意的人去做。

（2）添加表达时态的词语，汉语无表述时态的词语，所以翻译时应注意增加时间副词或助词。

We can learn what we did not know.

我们可以学习我们过去不知道的东西。

（3）增加复数词语。在英译汉时，如果名词复数在译文中可意会，或数量并非重点，且不翻译也不影响要表达的含义，则可以不译。如果不译会引起误解，则要在译文中加词体现出来。

The teacher carried on work in spite of the diseases.

尽管身患种种疾病，这位教师仍然坚持工作。

英语句子会出现由动词转化为名词、动名词、非谓语动词的现象。翻译成汉语时，译者可以根据实际意思适当转换这些词的词性，如可以将它们转换为动词。词类转换法指在翻译过程中为了使翻译更加贴近目的语的表达习惯，可以对译文的词类进行转换，也可以对英语中的语态和句型进行转换，使转换后的翻译更加精准、无误。

The author is critical of man’s negligence toward her shortcomings in his article.

作者在文章中对人类疏忽自身的缺点提出了批评。

这个句子的翻译就将其中的形容词转换成了名词。总之，译者要本着目的语的表达习惯进行转换，使句子的表达更完整。

三、抽象名词

以英语为母语的群体注重抽象思维，善于用抽象的概念表述具体的事物。抽象名词的译法通常比较复杂，应结合上下文来确定词语的具体意义，将抽象名词转化为具体名词等，从而消除或减少因语言表达习惯不同带来的差异。

His grades made him the envy of everyone in the class.

他的成绩使他成了班上所有人羡慕的对象。

译者翻译该句时应结合上下文，把抽象名词 envy 的抽象意义具体化。

I have too much to tell him.

我有太多的话要对他说。

这里的 much 意为“太多”，这样翻译可以使译文自然通顺。

四、直译法和意译法

所谓直译，是指在译文中既保持原文内容，又保持原文形式。意译指在翻译过程中舍弃原文的表达方法，找到其他等效的表达方法，或对原文结构进行较大调整。但片面地强调一种而忽略另一种方法是不恰当的，我们最好能根据句子的具体情况将两种翻译方法有机地结合起来。我们可以通过以下几个简单的例子来体会直译和意译的区别。

You have my sympathy.

直译：你有我的同情。

意译：我同情你。

这句话的直译非常生硬，让人难以理解。意译虽然在形式上与原文不相符，但能更准确地表达原文的含义。

Nothing seems to be too much for you to make our stay here comfortable and enjoyable.

直译：对你们来说，似乎没有什么东西是大的，为了让我们在这里住得舒适、愉快。

意译：为了使我们在这里待得舒适、愉快，你做再多都不为过。

这句话的直译拘泥于原文中的单词词义和句子形式，所以译文不符合汉语的语言表达习惯。而该句的意译则采用了引申手法，使其含义一目了然。

译者在翻译时，如果其名称无法在英语中找到完全对应的词，可以采用意译法，也可以采用音译法。如英语的 microphone 在汉语中找不到类似的词，可以直接译成“麦克风”。汉语的名称在英语中找不到相对应的词，则多用音译法。如汉语的“荞头”“杨桃”等词在英语中找不到相对应的词，可以采用音译法。地名也可以音译，不必用英语的解释性名称，如“百花洲”可以音译为 Bai hua zhou。有些名称既可意译又可音译，如中国传统食品豆腐，即可以用英语译为 bean curd，也可以译为 tofu。

五、比喻法

运用比喻这一修辞手段可以增强语言的感染力，使表达更加形象、生动，富有美感。以下将通过比喻中最常见的明喻和暗喻进行英译汉的比较和讨论。

（一）明喻法

He is as sly as a fox.

他像狐狸一样狡猾。

狐狸在英汉两种语言中有共同的形象特征，这里采用直译法，直接将英语原句中的比喻词换成汉语所对应的比喻词。

英译汉时，译者需要选择合适的汉语词汇来表述英语词义。字和词的搭配是灵活多变的，想要准确表达含义，就必须结合上下文内容，甚至需要根据全文来翻译。如果仅靠字典中的英汉解释，翻译起来不仅生硬，有时还会产生歧义。

上面例句中，喻体和主体的关系不是很直接，就需要采用意译法，只取其抽象意义来翻译。

（二）暗喻法

暗喻是一种能修饰语言的方法，它可以变抽象为具体，还能给读者留有想象的余地。暗喻在翻译中一般可以转换为明喻或意译。

I will tell all the girls, the old cat.

我会告诉所有女孩，这个长舌的老恶妇。

英语中的 cat 可以用来比喻爱讲别人坏话的女人，但是汉语中“猫”这个词没有对应的这层含义。这里为了考虑到说话人的态度，可以采用意译的含义“长舌的老恶妇”。

翻译技巧的提升不能一蹴而就，学生在实践中应多学习，逐步提高翻译技术，掌握英汉两种语言各自的特点和表达方法。

六、灵活翻译法

灵活翻译法是指对文章进行灵活的变换和翻译。这种方法通常不对部分内容的翻译设定固定框架，而是根据上下文的意思和文章的整体思路进行灵活翻译。

例如，常用的 not...until 句型意为“直到……才”。

He didn’t eat dinner until his mother went back.

采用直译法就是“他没吃晚饭，直到他的妈妈回来”，这种翻译就是错误的。此句的意思是“直到他妈妈回来，他才吃晚饭”。

灵活翻译法适用于无法一眼就看出其意思的句子。实际翻译过程中，译者会发现使用直译法翻译的句子，意思和上下文并不连贯，这时就应该尝试运用灵活翻译法。同时，使用这种翻译法还要求译者了解英语的固定搭配，这样可以取得事半功倍的效果。

七、增译法

译者在翻译时可以适当转换部分动词、动名词、非谓语动词，这种方法叫词类转换法。通过使用这种方法，译者可以让译文更符合目的语的表述方式和表达习惯。比如，我们在说英语的时候往往把时间、地点放在整个文章的后面，而把动作放在前面，这样的句式在中文中是倒装句式。这时，我们可以通过词性的转化，把时间、地点等词的词性变成符合汉语结构的词性，使表达更符合汉语的表达方式。

英汉不同的文化背景、风俗习惯，使语言的思维方式与表达方式存在较大差异。为了贴近目的语的表达习惯，译者不能采用直译法，而应根据句子的含义及文化背景进行适当的调整，或者添加一些词汇、短语及句子，从而表达出原句的真正含义。需要注意的是，译者一定要添加准确的语汇及句子，让读者能够准确理解，避免产生歧义。添加的语汇如果与句子的原意相差太远，就无法达到预期的效果。

运用增译法既能保证译文语法结构的准确性，还要保证句子含义的完整性。译者不能盲目添加，而应在分析原句的基础上，找出原句中隐含的语汇及省略的成分，同时注意一些概括性的词语与解释性的词汇。翻译完之后，译者应再进行润色与调整，使句子通顺无误。

八、句子省译法

句子省译法就是根据句子的表达句式、语境及语言的表达习惯，在进行语言翻译转换时，适当省略某些成分的翻译方法。运用这种方法时要注意，译者不得删减表达句子中心意思的词语，只能省略一些虚词或者不影响句子表达的词语，使原句的意思保持不变。一般情况下，译者在翻译时可以省略英语中的一些代词、冠词和连接词，省略后句子更通顺，表达的意思更精练。例如，“She was late for half an hour at the first meeting and she left a bad image for everyone.”意思是“她首次开会就迟到了半个小时，给大家留下了不好的印象。”这个句子中的第二个主语 she 被省略了，这符合汉语的表达习惯。

英语翻译是英语学习的重要内容，译者必须进行大量的训练，掌握英语国家的语言背景与文化背景，才能通过翻译实践总结翻译方法与技巧，使翻译达到通顺、表意确切的目的。

第四节　中西方翻译研究对比

一、中国翻译理论概述

根据史料记载，中国翻译实践最早可追溯到东汉末年的外籍僧侣和华籍胡裔僧人的私译活动。当时还没有翻译理论的指导，翻译人员一般都采用直译、死译或者胡译的方法。随着对外交流的日渐频繁及译场的出现，翻译活动也由私译转为官译。

中国翻译理论发展史可以划分为四个阶段。

第一阶段是古典译论时期，始于东汉支谦，止于鸦片战争。这个阶段的翻译理论主要用于讨论佛经的翻译问题，对后来的翻译思想有着积极的启示作用。东汉的支谦、东晋的道安法师和鸠摩罗什、唐代的玄奘等，是这一时期的代表人物。支谦打破直译的套路，追求文字的典雅。与支谦不同，道安法师在主持佛教译场时，唯恐翻译失真，主张严格的直译。他提出了著名的“五失本，三不易”的翻译原则，认为在翻译佛经时，五种情况下会失去本来的含义，翻译中有三件事情很难做到。鸠摩罗什主持佛经翻译达四百卷，对六朝时期中国佛学的形成和发展起到了重要的推动作用。他对翻译有独到的看法，却鲜有文字记载。他是中国最早提出的人，对翻译文学影响甚大。梁启超用四个字“天然识趣”概括了鸠摩罗什的翻译思想，十分精辟。玄奘被视为我国古代翻译界的巨星，他提出了“既须求真，又须喻俗”的翻译标准，意即“忠实、通顺”。

第二阶段是晚清译论时期，始于鸦片战争，止于五四运动。内忧外患的时代背景下，翻译家们秉承“师夷长技以制夷”的理念，主要从事科技翻译工作。因此，这个时期的翻译理论又具有务实性特征。该阶段主要代表人物有马建忠、严复等人。马建忠提出“善译”，严复则提出了“信、达、雅”。

第三阶段是民国译论时期，起于五四运动，止于1949年中华人民共和国成立时。这一时期，译界引进了大量外国文学，文学翻译欣欣向荣。鲁迅提出翻译需“保存着原作的风姿”，瞿秋白提出“对等概念”，陈西滢提出“形似、意似与神似”，茅盾提出“再现意境”，傅雷提出翻译应“重神似而不重形似”。

第四阶段是当代译论时期，即中华人民共和国成立后的40年间。这个时期翻译家们开始将翻译作为一门学科。1951年，董秋斯发表了《论翻译理论的建设》，中国译论开始转型，朝着有目的、有体系的方向发展。1990年，刘宓庆出版《现代翻译理论》，标志着中国现代翻译理论体系的建立。

二、西方翻译理论概述

西方翻译实践始于古希腊没落、古罗马兴起之际，尽管古希腊已开始衰败，但其文化仍然具有很强的吸引力。当时，翻译的重心主要是古典文学，尤其是荷马史诗。西方最早的翻译理论家是古罗马帝国时期的马库斯·图留斯·西塞罗（Marcus Tullius Cicero），他首次区分了“作为解释员”和“作为演说家”的翻译，这便是直译和意译的由来。

到了中世纪，有意大利诗人但丁·阿利吉耶里（Dante Alighieri）的“文学不可译”和古罗马哲学家波伊提乌（Anicius Manlius Severinus Boethius）的“宁要内容准确，不要风格优雅”。

文艺复兴时期出现了法国语言学家艾蒂安·多雷（Etienne Dolet）的翻译五原则、德国宗教改革家马丁·路德（Martin Luther）的人文主义观点。

在17至18世纪，有英国翻译家泰特勒（A. F. Tytler）的翻译三原则，德国哲学家弗里德里希·丹尼尔·恩斯特·施莱尔马赫（Friedrich Daniel Ernst Schleiermacher）的口译与笔译、文学翻译与机械翻译的区分，德国地理学家亚历山大·冯·洪堡（Alexander von Humboldt）的语言决定世界观和可译与不可译性，以及伦敦大学教授纽曼（F. W. Newman）的“评判标准在于读者而非学者”。

到了20世纪，西方的翻译理论研究范围开始横向拓宽，纵向深化。苏联翻译理论家费道罗夫（A. V. Fedorov）针对翻译研究提出“翻译理论由翻译史、翻译总论和翻译分论三部分组成”，美国语言学家罗曼·雅各布森（Roman Jakobson）提出“语内翻译、语际翻译、符际翻译”的概念，美国翻译家尤金·A. 奈达（Eugene A. Nida）提出“动态对等”“翻译即科学”“翻译即交际”的思想，英国翻译家彼得·纽马克（Peter Newmark）的“文本中心”论以及法国翻译学家达妮卡·塞莱斯科维奇（D. Seleskovitch）的“翻译释义理论”也是在这一时期提出的。这个时期西方翻译研究领域也出现了不同的思想流派，如翻译研究派、翻译科学派、文化学派、操纵学派、目的学派、功能学派、交际学派、语篇语言学派、话语结构学派、释义学派、解构学派、多元系统学派等。

三、中西方翻译理论的相似性

尽管中西方在地理位置、风俗习惯、文化体制和政治制度等方面存在差异性，但是翻译活动作为语言文字的实践活动，无论是在中国，还是在西方，都遵循着一般规律，他们之间存在许多共性。

（一）中西方翻译理论都起源于古典文学翻译

翻译实践推动着翻译理论的发展，翻译理论反过来指导着翻译实践。如果不将人类早期部落间使用的手势或动作交流视为翻译活动的话，那么，人类最早有文字记载的翻译实践应该是古典文学翻译。

在中国，最初的翻译活动是东汉末年的佛经翻译，当时的《法句经序》被学术界认为是最早带有翻译理论性质的文章。此后的几百年间，佛经翻译盛极一时，涌现出许多佛经翻译家，如鸠摩罗什、玄奘和真谛等。他们对佛经翻译的原则与方法具有独到的见解。

在西方，翻译实践源于对古希腊文学的翻译，始于荷马史诗翻译。对比中西关于教派的翻译可以发现，直译和意译是翻译家们讨论的核心问题，其中，支持直译的人更多。

（二）中西方翻译理论的核心主题一致

纵观中西翻译理论的发展史，虽然呈现出百家争鸣、百花齐放的局面，但是仔细探究便可看出，中西方翻译家在探索翻译理论时都离不开一个共同的主题，那就是“内容的忠实性、表达的流畅性、风格的一致性”。

中国翻译家从支谦、道安法师、玄奘，到严复、马建忠，到陈西滢、钱钟书，再到董秋斯、刘宓庆；西方翻译家从西塞罗、哲罗姆、奥古斯丁，到多雷、洪堡、施莱尔马赫，到奈达、纽马克，再到现在的各个翻译流派。各人各派对翻译标准的表述各不相同，尽管他们都在继承前人的基础上进行了改良和创新，但是翻译理论的核心主题始终保持不变。

近代中国著名翻译家严复提出了“信、达、雅”之说，与同时代的泰特勒提出的翻译“三原则”有异曲同工之妙。虽然文字表述不一样，但都认为

"译文必须忠实于原文，译文必须通顺，译文的风格必须与原文的风格保持一致。"

四、中西方翻译理论的相异性

虽然中西方翻译理论都建立在语言文字基础之上，具有相似性，但是各国语言文字分属不同语系，语言结构和语言文化各具特点，加上各国的历史演变和思维方式的不同，中西方翻译理论的发展和形成也存在许多差异。

（一）西方翻译理论系统、抽象，中国翻译理论具体、实用

中西方翻译理论在发展初期都是零散、片面、不成体系的。西方最早关于翻译理论的提出见于西塞罗的"作为解释员"和"作为演说家"，中国则始于支谦提出的"因循本旨，不加文饰"。连同稍晚提出的观点，这些早期翻译思想仅是当时翻译实践者们对翻译方法总结出的一些感受和想法，谈不上是系统的翻译理论。

多雷和泰特勒等人就明确提出了翻译的具体原则和方法，美国语言学家罗曼·雅各布森（Roman Jakobson）提出了翻译的分类。到了文艺复兴时期，翻译理论家们开始对翻译进行专题研究，把翻译问题的底层操作上升到了上层理论分析和系统总结上来。

西方的翻译理论借助了多学科的知识发展，丰富了翻译的视域，包括语言学、文艺学、修辞学、传播学、交际学、生态学和符号学等。因此，后人又将西方翻译理论的发展划分为三大主线，即语言学翻译理论主线、文艺学翻译理论主线和阐释学翻译理论主线。由此可见，西方翻译理论的发展更注

重对翻译活动的客观描述，同时从这些描述中抽取出指导翻译实践的方法。

相比较而言，中国的翻译理论则偏于具体实用。从支谦到严复，从陈西滢到董秋斯，从傅雷到钱钟书，每一代翻译家的关注点几乎都在翻译技巧和翻译方法上，涉及的问题总是围绕什么是翻译、如何翻译、怎么评价翻译。他们关心的是提出的翻译理论能否指导具体的翻译实践，以及对翻译活动有没有帮助。当代中国翻译理论受到西方理论的影响，意识了到翻译科学建设的迫切性，但是现阶段的发展还较为缓慢。

（二）西方翻译理论详细、明确，中国翻译理论含蓄、凝练

中西方翻译理论是翻译学科体系的重要组成部分，为人类翻译实践活动提供了强大的理论支撑。中西方翻译理论不存在孰重孰轻、孰优孰劣、孰是孰非的问题，它们根植于翻译实践活动，孕育在不同的语言环境和文化土壤之中，各具特色。

本节尝试对中西方翻译理论进行比较分析，一是为读者提供全新视域，对中西方翻译理论的主要框架有一个粗略的认识；二是通过比较分析，把中西方翻译理论的共通性和相异性提取出来，深化读者对中西方翻译理论的认识。中西方翻译理论的相似性多于相异性，但相异性的意义重于相似性。也正因为中西方翻译理论不同，我们才需要取长补短，优势互补。

第三章　英语翻译理论在实践中的应用

第一节　交际翻译理论在商务英语翻译中的应用

随着我国对外经济的快速发展，商务英语成为企业贸易间沟通的桥梁，商务英语翻译也就成了贸易中的一项重要工作。本节针对商务英语翻译的特点，分析交际翻译理论的适用性，阐述交际翻译理论在商务英语翻译中的应用方向。

一、交际翻译理论概述

英国翻译家彼得·纽马克（Peter Newmark）在 1981 年提出了语义翻译（Semantic Translation）和交际翻译（Communicative Translation）两种翻译理论，并将其做了分类，具体分为信息型文本、表达型文本和呼唤型文本，强调翻译时应紧贴原文。

彼得·纽马克的语义翻译理论主要强调重现原文作者的思维过程，

比较重视翻译中的内容，并且利用短小的句子表述原文中的单词、短语等。而交际翻译理论恰恰相反，它强调翻译的语域（register）要与目标文本相一致，更加注重翻译效果。交际翻译理论在翻译上通常以段落为基础，把目的语作为翻译中心，重视读者的理解度和对翻译的反应，让读者接收真实客观的原文信息。

彼得·纽马克认为，应根据不同文本性质选择不同的翻译方法。像小说、信件等文学文本，这种能够体现作者和文本本身的，属于表达型文本。主要目的是表述文本内容、传递相关信息和知识的，属于信息型文本。这类文本要求的内容和书写格式比较规范，可应用于大部分领域，主要目的在于得到读者的有关反馈。紧密联系读者和作者的属于呼唤型文本，如手册等。彼得·纽马克认为，语义翻译较适用于表达型文本，而交际翻译较适用于信息型文本和呼唤型文本。

二、交际翻译理论在商务英语翻译中应用的方向

（一）交际翻译理论在商务英语翻译中的直译应用

商务英语翻译一般分直译、意译和转译三种。交际翻译理论应用于商务英语翻译时，并没有否定语义翻译在其中的地位，同时交际翻译理论在直译中的应用也充分说明了这一点。

商务英语翻译中的直译主要分为两种：一种是含义直译。含义直译指根据原文本的语法内容和词汇结构进行直接翻译，不加特殊调整。中西方国家在不少词语上有一定的共识，对其表达具有一致性。另一种直译叫发音直译，就是英语中有一些词语可以直接通过发音来翻译，并且这些词语的应用范

围也较为广泛。例如，model 可以直译成“模特”，salon 可以直译为“沙龙”，这是一种较为普遍的翻译现象。

交际翻译理论的直译应用简单易懂，容易被双方国家所接受，同时可以提供更好的交流体验。译文不仅有本国的语言韵味，也具有对方国家的语言风格特点，有利于双方国家的交流与合作。

（二）交际翻译理论在商务英语翻译中的意译应用

通过理解文本，形象化地表达内在含义，从而实现信息的传递，这就是交际翻译理论在商务英语翻译中的意译方式。

英语与汉语在很多表达方式上都相似，如英语中也经常运用比喻的方式表达某些事物或动作。如果遇到带有比喻等手法的英语，使用直译法翻译就不能达到很好的翻译效果，还会阻碍双方的正常沟通和交流。如“He was born with a silver spoon in his mouth”，这个句子直译为“他出生的时候嘴里含着银匙”，明显不符合常理，也不容易让人理解这句话的深层含义。而意译就可以利用比喻的手法进行联想翻译，能够真正体现出原文想要表达的内容。事实上，可以含着银匙出生的人，说明他从出生就比较富有，因此可以意译为“他出生在富贵人家”。

正常的表达中经常会出现发音或者表达不清楚的地方，我们可以利用交际翻译理论对其进行合理调整，使商务英语翻译达到更好的效果。

（三）交际翻译理论在商务英语翻译中的转译应用

商务英语翻译中，直译和意译相对简单，浅显易懂。而转译就需要译者具有较强的专业技能和深厚的文化知识积累，才能把原文的含义表述得清楚明白。转译不能仅通过字面或者运用比喻方式对原文进行翻译，而需要把原文中语句所描述的事物转换成另外一种事物，做出更多调整，实现双方文化的沟通和交流。转译相对于直译或意译而言，增加了不少难度。例如，紫禁城被翻译成 Forbidden City，这种翻译方式并非直译，因为它并没有把其中的“紫色”翻译出来；它也不是意译，意译中表述的内容和文字的字面表述不应有关联，而它恰恰有关联。因此这种翻译是转译，能充分表达出“紫禁城”的概念。交际翻译理论的应用能通过将一个事物转换成另一个事物的方式进行描述，也可以互换静态和动态事物，最终达到信息的传递和思想的感悟。

第二节　虚拟语气在商务英语中的翻译及应用

商务英语是当代英语的重要分支，是国际贸易中的通用官方语言。商务活动中，商务英语的礼貌表达尤为重要，受到越来越多学生的重视。商务的涉及面非常广泛，包括金融、保险、合同、市场营销、对外贸易等，由于涉及权利和义务的方方面面，在运用商务英语时要关注其语言的严谨性和准确性。虚拟语气的恰当使用能创造良好的商务环境，建立和谐的洽谈氛围，给对方留下举止得体的良好印象，从而加快双方之间贸易的进程，最终达成双方各自预期的理想目标。

一、虚拟语气的定义与用法

（一）虚拟语气的定义

语气是动词形式的一种，表示说话者对某一行为或发生的事情及其所处状态持有的态度和看法。英语中有三种语气，即陈述语气、祈使语气和虚拟语气。当说话者表达的内容是与事实相反的假设，或者实现的可能性极小，或只是一种主观愿望、请求、建议等时，使用的句式为虚拟语气。

（二）虚拟语气的用法

第一类，虚拟语气用在非真实条件句中，主句和从句动词形式一般较为固定，具体分为以下几种：

（1）与现在情况相反的虚拟语气：表示与说话时的事实相反或根本不存在的情况。

If I were you, I would take full use of the opportunity.

如果我是你，我会充分利用这个机会。

（2）与过去情况相反的虚拟语气：表示与过去事实相反的情况。

If the company had enough fund, it would not have gone bankrupt.

如果这家公司有足够的资金，它就不会倒闭了。（事实是：当初由于资金不足，公司已经倒闭了。）

（3）与将来情况相反的虚拟语气：表示对未来情况的主观有推测，此推测可能与事实相反或可能性极小。

If it should be fine tomorrow, we would climb mountain.

如果明天天气好，我们就去爬山。

第二类，虚拟语气用在主语从句中。It 做形式主语，句型为 It is necessary/ essential / important / significant / natural / advisable / vital / urgent / strange that，动词谓语形式为“should+动词原形”。

It is necessary that you should sign the contract in time.

你应该及时签好这项合同。

第三类，虚拟语气用在表示建议、命令、请求的动词所接的宾语从句和名词所接的同位语中。这类词有 advise（advice)、propose（proposal)、suggest（suggestion)、order、ask、require（requirement）等。

I suggest that we should hold a meeting next week.

我建议我们下星期应该举行会议。

I make a proposal that we should get more people attend the conference.

我建议我们应该让更多的人参加会议。

二、虚拟语气在商务英语中的应用

虚拟语气作为一种重要的修辞手段，广泛应用于商务函电、商务合同、商务谈判等交流形式中，有效促进了商务活动的正常进行。

（一）虚拟语气在商务函电中的应用

在商务函电中，写信人如果采用陈述语气提建议，会显得过于肯定、绝对，从而使对方产生反感、厌烦的情绪。而虚拟语气恰恰能使写信人的语气更加礼貌客气，让收信人从心理上更容易接受写信人的观点，从而达到双方进一步交流的目的。因此，人们常通过使用虚拟语气来委婉表达自己的建议与想法，谓语多用“should, would, could, might + do”的形式。

例 1：

We would prefer an alternation of payment terms and a discount of 5% in your price.

我们希望选择一种支付方式并以贵方价格 5%的折扣成交。

例 2：

We prefer an alternation of payment terms and a discount of 5% in your price.

我们宁愿选择一种支付方式并以贵方价格 5%的折扣成交。

从例句看出，例 1 使用了虚拟语气之后，语气明显比例 2 显得委婉客气，从而达到更好的交流目的。

（二）虚拟语气在商务合同中的应用

商务合同是双方达成协议所签订的一种具有法律效力的文本，其语言风格正式规范、准确严谨。虚拟语气的使用恰恰能缓解紧张严肃的气氛。

例 3：

It is required that both parties should abide by the terms and conditions of the contract.

要求双方都遵守该合同条款。

例 4：

We require that both parties should abide by the terms and conditions of the contract.

我们要求双方都遵守该合同条款。

例 5：

It is necessary that one party should inform another party in advance.

一方有必要提前通知另一方。

例 6:

One party should inform another party in advance.

一方应该要提前通知另一方。

上面例子中，例 3 和例 5 使用了被动语态的虚拟语气，例 4 和例 6 使用的是主动语态的陈述语气。可以看出含虚拟语气的被动句，既能准确表达自己的意思，又容易使他人接受，而主动句会给人一种强制命令的感觉。

（三）虚拟语气在商务谈判中的应用

国际商务谈判中，不同国家拥有不同的文化、信仰和风俗习惯，为了避免在交流中产生误会，常常会用到虚拟语气。

If you could make a concession, we would order more commodities.

如果贵方能做出让步，我方将会订购更多的货物。

从上例可知，当谈判一方因各种因素不能接受对方所提出的条件时，如果采用生硬直白的拒绝会使谈判陷入僵局，并且可能会失去潜在的合作机会。而采用虚拟语气及比较委婉的表达方式能缓和紧张的气氛，有利于谈判的顺利进行。

商务英语因实用性强的特点，在商务活动中得到广泛使用。有时出于应对多变的市场行情，或者考虑到对方所在国的风俗习惯，可以运用虚拟语气使表达的内容不仅含蓄、委婉、有礼貌，还能让对方明白真实的意图。作为商务英语的运用者，要善于发现和分析其中礼貌的表达方式，掌握其特点及在实践中的具体运用，这对于在商务活动中正确使用商务英语具有重要的现实意义。

三、虚拟语气在商务英语中的翻译原则

商务英语是商务贸易往来的一种英语文体，应用于国际商务工作及国际职场。商务英语的表达能够营造和谐融洽的氛围，有助于达成协议。从某种程度上来说，商务英语实际上是商务背景下专业知识和语言知识的综合运用。专业化、口语化、实用性是商务英语最显著的特点。虚拟语气运用于商务英语时，要注意其本质特点。翻译过程要遵循以下原则：

（一）准确性原则

商务英语措辞应该严谨规范，语言精练准确。因此，译者在翻译过程中要力求准确无误，对含有虚拟语气的句式的翻译也应如此。

首先，译者要在正确理解原文的基础上把握句子的语法结构。这就要求牢记虚拟语气的表达方式，正确把握虚拟语气的使用情况和语用功能。

Should the sellers be unable to cover insurance and open L/C at once, the buyers' losses would be born by the sellers.

如卖方不能及时投保并开具信用证，则买方的一切损失由卖方承担。

首先可以判断，这是一个省略了 if 的虚拟条件句，从而准确把握了该句的语法结构。另外，还要注意“L/C（信用证）”“The sellers（卖方）”“The buyers（买方）”“cover insurance（投保）”等专业词汇，从而准确无误地翻译含有虚拟语气的句子。

（二）实用性原则

商务英语属于实用类型的文体，其内容及读者具有很强的目的性，因此，文体要正式，措辞要严谨。文体方面，不需要使用大量华丽的辞藻来增加写

作的效果，一般只需要简洁易懂的正式语体即可。作者在写作中要明确自己的态度，切记使用带有模棱两可含义的词语，否则会影响最初的表达目的。

例如，在表达希望收到对方回信时，信函结尾处常用固定的表达文体：

We would appreciate if you could send us your reply.

如果您能给我们回信，我们将不胜感激。

长期的国际贸易交流中，外贸工作者已经接受并使用着一些实用简洁的固定句型，过于生硬、复杂的书面文体会使对方感到不受尊重或不受重视。

（三）礼貌性原则

汉语中没有虚拟语气，商务活动中译者如果要翻译含有虚拟语气的句子，则要注意礼貌性原则，从而使翻译的句子更加委婉含蓄，避免不必要的冲突和矛盾。

We leave the insurance arrangement to you but we wish that you could have the goods covered against all risks.

保险事宜交由贵方安排，但希望贵方能为该货物投保一切险。

例句中由于使用了动词的虚拟语气，使双方的商务洽谈更为融洽。译者翻译的时候要顾及对方的面子，使用礼貌含蓄的语言，实现预期的交际效果，促成最终交易。

第三节　暗喻在英语广告中的应用

经济全球化和市场国际化的不断发展，使广告无处不在，广告已经成为众多商家、企业、消费者了解商品信息的重要途径。商家如果要在激烈的竞争中占据一席之地，必须充分展现自己产品的优势，而产品广告宣传就是企业的首选。广告设计者需要调动一切资源来展示产品，使消费者能对产品有更深入的了解。因此，英语广告中几乎会运用所有的修辞手段。

本节以大学英语翻译教学实践的现状为立足点，从暗喻的修辞手法入手，探讨暗喻在英语广告中的应用及其翻译方法。

一、英语广告的特点

（一）词汇特点

英语广告的词汇丰富多彩，且富有感染力，在力求简洁的同时，又不失语言的鲜明和个性。英语广告通常都能运用准确的词语表达产品的信息，让读者一目了然、记忆深刻，如“Just do it.（只管去做。）”“Good to the last drop.（滴滴香浓，意犹未尽。）”。

（二）语法特点

英语广告运用多种语法，其中以简单句为主，复合句相对较少，也经常使用祈使句或省略句来增强广告宣传的效果。例如：

简单句：Take time to indulge！（尽情享受吧！）

祈使句：Obey your thirst. （服从你的渴望。）

省略句：Always with you. （常伴你左右。）

（三）修辞特点

运用修辞手法可以增强广告的创意与效果。广告语作为一种宣传性的语言，经常会运用各种各样的修辞手法，尤其是暗喻的手法。暗喻可以增强广告语的语言气势，让节奏感变得更强，还能加强读者的形象思维，有助于强调广告内容，使广告独具魅力。例如，“Ask for more！（渴望无限！）”“Start ahead.（成功之路，从头开始。）”。

二、暗喻在英语广告中的运用

暗喻是一种语用现象，在特定的文化背景或上下文语境中才能明确。它的基本用法是通过表述某一事物的词或词组来比喻另外一种事物。

（一）类比个性属性

类比个性属性就是联系一个事物的相关特点，对其进行类比，通过类比来突出产品的优越性。例如，“Toyota moves forward as your partner.（你的伙伴丰田与你一起前进。）”。此广告中将丰田产品拟人化，比喻成为我们身边的伙伴。丰田汽车是本体，伙伴是喻体。将丰田汽车比喻成为伙伴，充分展示了丰田汽车对我们的重要性，广告含蓄地运用暗喻来表示丰田汽车产品的卓越与品质。伙伴是人们生活中不可或缺的部分，此广告通过伙伴亲密可靠的属性来体现产品的重要性，向读者传递了“选购汽车，丰田是首选”的观念。又如，“Breakfast without orange juice is like a day without sunshine.（缺少橙汁的早餐就像缺少阳光的日子。）”。此广告中橙汁是本体，没有阳光的日子是喻体，将没有橙汁的早餐比喻成没有阳光的日子。有阳光的日子是人人都喜欢的、都渴望的，广告巧妙地运用比喻的修辞手法，表示橙汁在早餐中的重要性。

（二）凸显专长和优势

突出某一事物的特点或优点，展示广告产品的优越性，也是暗喻常见的运用手法。例如，“Made in paradise.（天堂制造。）”“The taste of paradise.（天堂口味。）”。以上两则广告都有一个相同之处，那就是采用价值暗喻的方法，充分借用“天堂”把广告产品比喻成为“天堂”里的东西。而且意图通过暗喻提高商品的地位与价值，让更多的读者对广告产品产生好感，从而产生购买的欲望，真正达到广告的效果，体现产品价值。

第四节　大学英语翻译教学中语境理论的应用

随着我国经济水平的不断提升，对外开放的程度在大幅度增加，与国外的交流也日益增多。英语作为国际通用语言，显得尤为重要。大学英语是我国高等教育的基础学科，其中的英语翻译教学也越来越受到重视。本节针对大学英语翻译教学现状，简要分析语境的定义及特点，并简要研究语境与翻译的关系及英语翻译的重要性，为培养大学英语翻译人员提出了理论性的指导。

一、英语中语境的概述

（一）语境的概念

语境是人们在言语交际中理解和运用语言所依赖的各种表现为言辞的

上下文或不表现为言辞的主客观因素，即语言环境。一部分概念，在独立的情况下是没有意义存在的。在给某种关系下定义时，应将它放在特定的语言环境中，通过揭示两者间的关系下定义。相对概念总是相互对应、相互关联的概念，想要了解其中的一个概念，就必须了解另一个概念。因此，不能用同一个相对概念去定义另一个与它相对的概念。

（二）语境的特点

英语语境存在五个特点，即广泛性、层次性、封闭性、动态性、确定性。广泛性体现在语境是无限的，存在于任何语言交际当中，所有影响交际的因素都可以称为语境。层次性体现在任何语境都包含着一个或者更多较小的语境，也都存在一个或者更多较大的语境。封闭性体现在一定的语言环境、文化背景和交际人群等，限定了语境的使用范围。动态性体现在语境不是固定的模式，是在交际过程中不断被修改的，而交际的主要因素也在不断地改变。确定性体现在具体的交际语境、交际者的主动性，会对交际造成一定的影响。

二、语境在大学英语翻译中的重要作用

（一）语境与英语翻译的关系

语境与大学英语翻译的关系体现在以下三个方面：首先，语境存在于人际交往过程中，也就是说，语境要发生在具体的环境中。许多学生在实际的英语翻译中发现，有时候单词的本义并不能表达出原文的意思，甚至会改变原文含义。这是因为在英语翻译过程中，语言的真正含义只能在它所属的语境中才能被准确理解。其次，影响语境在英语翻译中的因素还包括社会生活环境、文化背景、心理态度等。在英语翻译中，语境不仅限制对原文的理解，

还制约原文意思的表达，具体的意思只能通过语言环境来确定。最后，在翻译英语原文时，要紧密联系文章上下文，从整体上考虑文章意思。由此可见，语境在英语翻译中起着至关重要的作用。

（二）语境理论的应用能提高学生的综合能力

大学英语翻译教学包括培养学生对文章的理解和表达能力，以及英语翻译能力和运用语境的能力，同时通过对翻译理论的传授及英语翻译技巧的训练，提升大学生听、说、读、写等各方面的语言能力。

应用语境理论能有效提高学生的综合能力。学生通过对语境的了解，在进行英语阅读翻译时，可以考虑多方面因素，而不只是进行单一的英语翻译。并且可以通过大量的单词和语法训练巩固学生的英语基础知识。因此，教师在教学过程中应格外注重学生综合语言运用能力的培养，总体提高学生的英语水平，完善英语翻译技能。

随着经济全球化的不断深入，跨文化交际已经成为这个时代必不可少的一部分。而翻译作为国际人际交流的纽带，在跨文化交际中也占据着重要地位。

第五节　建构主义理论在大学英语翻译教学中的应用

随着多媒体、互联网和终身教育理念的普及，很多教师开始从心理学方面着手进行翻译教学的改革。以建构主义为中心的理论对我国翻译教学的改革有着重要的指导意义，成为教师突破传统课堂教学的关键手段。

一、建构主义理论的内涵

建构主义的思想是经过多位思想家的加工而形成的，其中瑞士心理学家让·皮亚杰（Jean Piaget）、苏联心理学家维果茨基（Lev Vygotsky）以及美国教育心理学家杰罗姆·西摩·布鲁纳（Jerome Seymour Bruner）等人的思想构建主义的核心。比如，以认知观点为核心思想的皮亚杰和布鲁纳，解释了个体在与知识结构的碰撞中产生的一种内化认知结果。维果茨基通过文化—历史的发展理论介绍，对建构主义的发展做出了重要贡献，并成为建构主义学习理论发展的基础。

建构主义的精髓是主观能动性的发挥，强调在教学过程中还原学生的自主性。学习不是靠教师的讲授，而是靠学生自身的探索。学生要在学习中充分发挥自己的个性，去探索各种知识，并在积极的学习中学会各种探索手段，培养主动建构知识框架的能力。建构主义的培养主要是锻炼学生分析问题、解决问题及思考问题的思维能力，主张打破教师主导的课堂形式，给学生带来全新的自主学习模式。它主张课本与教师的讲述只能起到引导学生学习的作用，学生通过思考才能形成知识建构，也就是说，学习是内在心理建构的过程。全新的模式说明，以往通过教师讲授来传递知识的模式将被取代，学生应该发挥自身主动性去学习知识、理解知识。

建构主义学习理论对知识的定义也有了全新的理解。以往的课本、文字和图片上的知识不再是固定不变的，学生的知识理解范围被扩大，知识的理解往往根据学生自身的背景和学习能力来确定，也就是说同一个知识，不同的学生会有不同的收获，学生自身的认识也决定了学习方向。

二、建构主义理论在英语翻译教学中的应用

（一）提高学生学习兴趣上的应用

1．要充分发挥以学生为中心的教学模式

整个英语翻译教学过程中，教师应该扮演辅助者的角色，学生作为翻译的主体应掌握词汇、语法和语音等基础知识，独立地完成翻译学习。教师在适当的时候引导学生，使其更快地掌握翻译方法。这种以学生为中心的建构主义教学模式，对学生学习兴趣的培养具有重要的意义。

2．情境与意境的巧妙结合

语言的翻译要充分结合语境，结合现实中的事物。

例如句子“Rivers provide good sources of hydro power.”，如果不考虑情境直接翻译，很容易翻译成“河流可以提供好的水力资源”，但它的实际含义是“河流具有丰富的水力资源”。

因此，在翻译此类句子时，学生要注重营造翻译情境，结合相关场景在脑海中联想出合适的内容。这种方式能充分提高学生的学习效率和学习兴趣。

（二）语境在中西方文化契合上的应用

中西方的文化差异、不同的地理环境、思维方式以及风俗习惯，很大程度上影响着翻译的结果。大学英语翻译教学中，教师应努力了解各国的文化，将文化作为翻译的基石，尽量地考虑到各国之间的文化差异，注重对“信、达、雅”的追求。只有基于对中西方文化共同点的把握实现的翻译，才能有效掌握各国的文化精华，才有利于文化的传播和交流，对翻译人才的培养也具有重要作用。

（三）发挥文学审美上的应用

翻译教学应该考虑到文学审美的意义。文学没有国界，在相关翻译教学中要强调文学的美感，在翻译中尽可能地提高语言的文学审美感，这样才能发挥翻译教学的魅力，对翻译人才的培养也具有很好的效果。翻译是一种语言的交流，我们要充分考虑原作者的意图，在此基础上翻译出触动人心的语句。例如，傅雷在翻译《夏洛外传》的卷首语中写道："夏洛既然曾经予以我真切的感动，一定亦会予以人同样的感动。"傅雷能够将自身的情感倾注到翻译之上，在具体的原文翻译中加入一些中文的文学表达方式，完美诠释了原作品。在翻译教学中强调文学审美，对翻译教学的进步具有积极作用。

（四）在统筹全文思想上的应用

英语翻译教学要考虑全文的意思，并不是只翻译其中的一句话，而是要在综合上下文的内在意思后进行翻译。汉语中的某些单词，本身的含义与其在句子中表达的含义不尽相同，英语词汇在一个大的语言环境中所表达的意思有时也脱离了原来的意义。翻译教学应积极传递统筹全文的思想，只有这样才能充分把握作者想要表达的内容。

建构主义的教学翻译理论能有效促进学生的自主性，这是一种新的教学模式，且能缔造出一种更优质的教学模式。这种教学模式能培养学生独立解决问题的能力，有利于对翻译人才的培养，能够增强人才的复合性。

三、建构主义在英语翻译中的应用误区、解决方法及未来前景

（一）应用误区

建构主义的应用在大学英语教学中存在着不少误区。建构主义教学注重对学生思想的解放，放任学生的主动性，学生在这种环境下容易进入翻译误区。翻译是一门艺术，虽然翻译具有创造性，但是一旦放任自流，就会产生很多不利后果。

例如“If you do not leave me, I will be by your side until the life ends.”，英语较好的学生读完这个句子后，很容易进入一种误区，将其理解为“如果你不离开我，我就跟你同归于尽”，而这句话的真正意思却是“你若不离不弃，我必生死相依”。从这个例句可以看出，建构主义对学生创造力的培养可能会导致在翻译过程中笑料频出，这也是当前建构主义教学存在的问题。

（二）解决方法

针对建构主义教学存在的问题，教师应该积极引导学生建立正确的翻译观。教学过程中，教师要充分发挥指导作用；学生之间应该互相合作。翻译句子时，要在小组讨论后，综合所有人的意见选择一个相对来说更为贴切的翻译。这样做更有利于提高学生的翻译水平。

（三）未来前景

在长期的发展过程中，大学英语一直笼罩在应试教育的阴影下，大学英语人才的培养往往只建立在学习成绩的考核上，使教学质量受到严峻的挑

战，也使人才培养的社会适应性遭到质疑。特别是在当今这个对翻译人才的需求与日俱增的时代，这种情况更为严重。

当前的建构主义教育理论为大学英语翻译教学赋予了新的活力，这一教育理论认为教育应该是一种动态的、持续的过程，而不应该是一种固态的、迟缓的过程。美国心理学家本杰明·布鲁姆曾经指出，评价要能够改进学生的学习机制，并能够提高学生的学习能力。也就是说，综合的建构主义评价是有利于学生成长的，并且能够大大地削减应试教育的影响，真正实现学生的自立进修。

目前，大学英语翻译教学是大学英语教学的核心内容，教师应该积极探索建构主义理论，发挥建构主义理论在大学英语翻译教学中的作用，赋予学生充分的主动性，并积极克服建构主义理论存在的弊端，建立以学生为中心的翻译教学课堂，将建构主义理论的优点充分发挥。

第四章　跨文化视域下英语翻译存在的问题及对策

第一节　跨文化语境下英美文学作品翻译的原则及对策

翻译英美文学作品时，我们经常会遇到带有文化特征的词语或比喻的文章。这时译者就面临一种选择，是直译来直接表达单词、句子的实际含义，还是用本国熟知的引用或俗语词句来进行翻译。

文学作品翻译是两个国家文化交流的重要沟通渠道，因此，翻译不仅要翻译出作品的基本内容，还要充分考虑双方不同的文学风格和文化差异，这样翻译出来的作品才能避开跨文化语境的阻碍，精准地传达作品想要表达的内容。文学作品翻译有别于翻译其他的简单内容，译者在翻译的过程中必须充分了解双方的文化差异、信仰差异等，从根本上保证文学作品译文的文学价值。本节将以跨文化语境为主要背景，对英美文学作品的翻译策略进行分析和研究。

一、跨文化语境下英美文学作品翻译质量可造成的影响

英美文学作品的译文是我国了解西方文化的重要途径，由此可知，选择恰当的、符合文化传播特征的、符合文学作品本来面貌的文章进行翻译，必然能够提高我国与其他西方国家文化交流的质量。所以，以跨文化语境为基础，研究英美文学翻译策略产生的翻译影响，具备切实的研究价值。它产生的影响有以下两方面：

1. 不精准的翻译会影响英美文学作品中价值观的传达效果。西方国家与我国拥有不同的发展进程，基本国情的形式和内容也是天差地别。译者如果不能充分了解西方国家的文化底蕴和价值观，在翻译时不但会对文学作品中存在的价值观产生疑问，其译作也会间接影响我国读者对西方宏观价值观文化的差异性理解。

2. 不尊重原著的翻译会降低文学作品传播的价值和意义。当译者无法在跨文化语境下对文学作品进行编译时，就可能对作品中的典故有错误的理解，无法正确翻译作品内涵。当错误的翻译内容牵扯到国家历史或宗教历史等方面，就会导致读者对西方国家产生负面印象。

二、跨文化语境下英美文学作品翻译的原则

（一）跨文化翻译需要译者了解对方的文化背景

英美文学作品翻译的意义之一就是传播具有代表性的英美文化，译者的翻译为英美文学作品赋予了文化传播的特性。然而，这些文学作品本质上

就是“作品”，译者在编译过程中必须从作品根源进行研究、解读，如从作者的成长环境、创作背景、故事背景、创作国家历史文化综述等方面进行解读。只有充分考证这些史料，才能保证译者站在创作者的角度去思考，在翻译过程中真正呈现英美文学作品本身的艺术文化色彩。

（二）跨文化翻译需要译者重视对文化内容的分离

每个国家都有不同的历史特征，这也必然造就了作家不同的创作思路和思维模式。中西文化中，有时针对同一件事，双方的理解截然不同。因此，译者在翻译时必须分析、探讨双方文化中的差异，切记不能完全跟着作者的思路走，在编译的过程中适当移动或保留本土文化的特殊性，方便译文的阅读者更加清楚地理解英美文化作品所要表达的意义和内涵。

（三）跨文化翻译需要译者具有恰当的语言逻辑

翻译英美文学作品时，不可避免地要使用本土语言解释英美文化俗语。从以往的翻译作品中不难看出，很多译者选择直接翻译英美俗语，这导致读者难以理解译文的含义。例如，英文中的 as timid as a rabbit，实际上对应的是中文的“胆小如鼠”。而从“兔”到“鼠”，如果译者本身不能了解中西方文化的差异性，直接翻译成“胆小得像个兔子”，会让读者不知所云。在遇到这种含义相似但比喻内容稍显不通的语句时，译者应尽可能选择读者熟悉的比喻内容，这样才能连接上下文，减少俗语差异导致的理解困难。

三、跨文化语境下英美文学作品翻译的地域性差异

在英美文学作品的翻译中，地域性差异也是作者的翻译难点。这里的地

域，实际上是指地理环境和地理条件的差异。中国处在亚洲大陆，与欧洲大陆和美洲大陆相隔甚远。彼此之间截然不同的地理环境，造就了不同的地理体会。因此，在翻译英美文学作品时，遇到与方向、风向有关的内容时，通常会存在是否要做变更处理的争论。例如，中国东临太平洋，西面是寒冷的西伯利亚，汉语中的“东风”让人想到万物复苏、春意盎然，因此东风在中国代表着强劲和有辅助的比喻意义（可参照《三国演义》中的诸葛亮借东风），同时东风在古代文学作品中也经常象征生命力，尤其是景色的生命力（参照李清照的《相见时难别亦难》）。而英国处在欧洲大陆的西侧，因此东风对英国人而言意味着寒冷和愁绪。同时，英国诗人珀西・比希・雪莱（Percy Bysshe Shelley）在《西风颂》中，用西风代表旧世界即将革新的伟大寓意。因此，译者在翻译时要充分考虑地域性差异等阻碍因素，防止因差异存在译错的现象。

四、跨文化语境下英美文学作品翻译的策略

（一）掌握英美文学翻译的基本手法

通常，在编译前期，译者应根据作品内容的复杂性和主要文化特征选取合适的翻译方法。翻译方法一般有以下三种：其一是直译，即直接用英语思维翻译汉语语义，完成直接对接，为读者呈现最原始和最实际的编译版本。一般这种方法适用于对文学学术著作的翻译。文学学术著作较少蕴含隐形含义，不会产生过多的词语和语句纠纷，此类内容也是跨文化语境中，中英语境差异最小的种类。其二是转化翻译，一般用于翻译小说、散文等文学作品，为减少故事性和意识流特征较高的直译风格给读者造成阅读障碍，从而

影响作品的传播而采用的。转化翻译的“转化”，是指用汉语语言习惯翻译英美文学中的特殊词句，留神不留形，完成对译文上下文的有效连接。其三是综合性翻译方法。这种手法适用于翻译谨慎程度较高的内容，也是当前译者为了保证翻译水平而使用的综合性方法。在使用该种方法时，译者必须对英美文学作品的背景与基础的中西方文化差异有一定的认知，而后充分研究每一个存在文化差异的节点内容，保证上下文连续性的同时，不改变英美文学原作想要表达的文化内容。

（二）建构英美文学翻译的思维

在跨文化语境的加持作用下，译者在翻译英美文学作品时不仅具有传递文化的桥梁作用，还必须在汉语思维方式的基础上找到一条能够充分延伸西方艺术形式的路径。首先，中国读者在接受西方文化的过程中，必然面对一些需理解和记忆的文化差异点。其次，译者实际上也是英美文学作品的“再造者”，译者在翻译过程中也必然担负起体现作品精神内容和文化内容的责任。在跨文化语境的宏观作用下，译者在翻译过程中须将自身的思维融入西方思维中，再通过译者自身的文化底蕴高度糅合中西方文化，利用汉字的语言魅力重现英美文学作品的价值意义。

（三）注意“同化”和“异化”的策略区分

1. 同化翻译策略

许多翻译家都曾在文学作品中指出，以英美文学作品为基底的翻译应该保留其精神和文化色彩，同时视情况摒除外在色彩。也就是说，译者在翻译过程中先要“敢下笔”，要能够迈出改造翻译的第一步。译者也要充分尊重原作品及其内容，但也要尊重读者对于翻译作品的感受。译者需要研究、需要比对、需要剖析每个句子所蕴含的历史文化、家国文化和功能文化。译者要比作者更加明确文学作品的实际内容和内涵，这样才能将中西方文化充分同化，有力糅合。这一过程中，译者需要达到的境界就是，在不改变文学作品精神面貌的前提下，让读者感受到完整的文学作品，而无一丝障碍。所以，译者可以抛开直译的生硬感，采用本土化的方法，将读者带入翻译作品中。例如，翻译“I love you once, I love you twice, I love you more than beans and rice.”这句经典诗句时，如果使用直译将其翻译为“爱你一次，爱你第二次……”就会直接降低诗句的美感。而如果将其结合中国语言文化，就能令其呈现为“一见倾心，再见倾情”的美妙诗句。在前文中提到的“东风”翻译争议，我们也可以从中西方对“东风”含义的理解关联点入手，将初春的暖风作为代替东、西风的翻译内容。例如，使用 warm breeze 即可完成对“暖风”的含义表达，有效地减少争议。

2. 异化翻译策略

译者在使用同化翻译的思维逻辑时，也可以引用中国的俗语和文化习惯去翻译，但不能为了让中国读者理解顺畅和透彻，而改变英美文学作品本应传播的文化内涵。人们在英美文学作品中常常可以看到一些与神相关的感叹语，如“Oh, My God!”或“God bless you.”等。这些比较口语化和常用的语句在西方文化中是受信仰影响较深。而在中国，信仰佛教的人数居多，人们也的确对“阿弥陀佛”印象较深。但译者绝不能以中国读者的固定思维为主，对这种完全不同的语句做同化处理。一旦中国读者在阅读英美文学作品时读到“阿弥陀佛”，就必然会存在两种可能：一种是读者对“Oh, My

God!”有着实际和正确的翻译印象，明确认定译者编译出错，这样会降低整个译本在读者心中的准确度定向；第二种则是读者并未对“Oh, My God!”有着切实的印象，于是就会在译者的误译下认为西方文学作品中的人也信仰佛教。无论哪一种，都必然是对翻译工作价值的直接否定。因此，译者在翻译这种西方文化的表达形式时，一定要注重对文化作品的肯定，选择更贴近文化内容的语言形式，如在翻译“Oh, My God!”时应翻译为“我的神啊！”。虽然读者第一次接触这种直译内容时会有一定的不适应感，但当读者理解英美文学作品的创作背景后，就能通过自身对英美文化的理解，将阅读体会带入英美文化中，从而真正在跨文化语境中欣赏和体会英美文学作品。

综上所述，在跨文化语境下对英美文化进行贴切和正确的翻译，不仅是对中国读者的高度负责，也是尊重英美文化、英美文学作品的体现。

第二节　跨文化视域下电视新闻翻译的特点及对策

当今社会存在各种传播媒介，而电视广播就是其中的一种。随着科学技术的发展，电视广播卫星技术发生了翻天覆地的变化，电视成了传播信息的重要载体。新闻信息是电视传播的重要内容之一。随着世界迎来了全球化的发展趋势，电视新闻的翻译工作成了媒体行业关注的重点，也成了促进文化交流的重要方式。

一、电视英语新闻翻译的特点

电视英语新闻的语言构成和表述过程与众不同，其新闻内容来源于生活，讲述的是生活中的故事。电视观众可以通过观看英语新闻，了解发生在世界各地的事件和风土人情，并且足不出户就可以了解世界，获得有价值的消息。

（一）电视英语新闻的字幕句式结构紧凑、简单

电视英语新闻所涵盖的内容非常丰富，观众可以在短时间内获得大量的信息。在这种情况下，过去的句式结构很难满足当代受众的需求，一旦句式过长，就需要将其分为两行显示出来。这种做法在一定程度上影响了人们观看电视的心情，也容易造成人们理解上的偏差。也就是说，在翻译电视英语新闻字幕的过程中，译者要注意将句式结构安排得更加紧凑，用最短的话表达最多的信息。

（二）电视英语新闻字幕常采用语句结构倒置的手段

电视英语新闻字幕应该简洁明了，应在播报的过程中利用缩略词来表达相关的意思，提高观众观看字幕的速度。缩略词有两种方式，一种是首字母缩写的形式，另一种是利用几个关键词组成一句话来表述相应的意思。新闻注重对客观事实的报道，在播报的过程中可以适当添加一些实时信息。因此，译者需要注意在新闻翻译中添加相应的词语。新闻英语表达具有很强的专业性，在翻译过程中需要利用小篇幅的翻译稿表达大量的信息。通常情况下，新闻撰稿人要将重要的信息放到首段，让观众能够在有效的时间内掌握核心信息。

（三）电视英语新闻的语法常使用一般现在时

电视英语新闻中的稿件和采访的语句通常采用一般现在时。无论是过去发生的，还是即将发生的事件，运用这种时态能够增加新闻内容的亮点，带给观众全新的感受。对于未来可能发生的事件采用的是不确定式，对即将发生的事件一般采用现在时或者现在进行时。我们会发现，在英语新闻的标题上经常省略 be 这个单词，而采用不定式来表达。

（四）电视英语新闻具有广泛性特征

电视英语新闻中经常使用大量的专业术语，如政治、经济、军事等方面的专业术语。在英语新闻中，很多专业术语没有太大的意义，翻译者可以将其简化。而一些无法省略的专业术语需要进行标注，以免观众无法准确地理解信息。

二、文化差异对电视英语新闻翻译的影响

在电视英语新闻翻译中，文化差异会对翻译造成一定的影响。因此，译者在翻译过程中要时刻关注、克服文化差异，找到最佳的表述方式。翻译过程需要注意以下几点：第一，中华传统文化与西方文化存在很大差异，在新闻翻译的过程中要准确地表述其意义。如“上火”这个词对中国人来说就是俗语，但在新闻翻译中就要选择恰当的词语翻译出它真实的意思。第二，信仰差异会影响翻译的效果。如少林寺救助灾民，在新闻翻译中，如何翻译“和尚”这个词语，不同信仰的人，有不同的理解。第三，时间观念存在的差异会影响翻译的效果。如 the latest news 这个词就可以翻译成“最新消息”。第四，日常俗语也存在差异，影响翻译的效果。如在英语翻译中，描述民族

文化的词语比较含糊，很难像中文一样，将每个民族的文化清晰地展现出来。

三、电视英语新闻的翻译策略

（一）非文化层面：直译和意译

在英语翻译中，译者用直译的方式，就是将原文准确、完整地表达出来，保留原文本身的含义，用通顺的语言进行表达。直译有个很大的好处，就是能够避免语义出现分歧，直译能用大量的词汇将原文的意义表述清楚，让观众了解文章的真实含义。直译虽然有很多好处，但是也存在一定的弊端和局限。在翻译过程中，由于语言文化存在差异，如译者只单纯地使用直译的方法，有时直译出来的语言非常别扭，不易被观众所接受。因此，对待一些否定句，要采用适当的方法和手段，将其真实的意思表达清楚；对待一些长句子，可以按照句式的特点和意思采用直译的方式。意译是另一种翻译方法，译者按照自己的习惯将语句表达清楚即可。这种翻译方式不注重表面的文字翻译，注重的是要翻译清楚文章的真实含义。虽然这种翻译方式更加便捷，但是需要遵循某种特殊的原则，真实还原文章的意思，不可以胡编乱造。在翻译电视英语新闻时，无论是直译还是意译，都要遵循翻译的原则，清晰地表述文章含义，方便观众理解。

（二）文化层面：归化和异化

在电视英语新闻的翻译中，有一个名词叫“归化”，归化的意思是在翻译过程中尽量将文章内容做本土化处理，尽量使用地道的目标语进行翻译。归化的宗旨是为了让观众能够更好地理解新闻本意，将观众带入特殊的语境中，用特定的文化规范方式传递文章的意思。例如，“Every dog has its day.”译为“人人皆有得意日”，这里所说的dog这个词，英文和中文就有很大的差异。归化的目的就是将文章形象化，方便观众理解，同时保留原文独特的风格。

在翻译中，还有一个名词叫“异化”，异化的意思是翻译者要尽量向文章的原文化语境靠拢，使翻译后的文章体现原语境的语言特色。在异化翻译中，译者可以较多地保留原文的语境成分，满足观众对异国文化的新奇感。异化翻译能够更好地向观众展示不同国家的文化差异，实现文化交流。

第三节　跨文化视域下国际商务英语翻译问题及对策

本节深入探讨在新时代、新的发展形势及跨文化视域下国际商务英语翻译实践中存在的几类典型问题，如文化信息丢失和扭曲的现象，文化信息传递的可译性限度，译者在文化缺省下的真空转嫁、随意增减信息、死译、硬译等问题。针对存在的问题，笔者从构筑和谐成功的跨文化交际角度出发提出若干对策。

一、国际商务英语中的跨文化透视

跨文化交际学是国际新兴的综合性学科，涉及的领域较广，它建立在传播学等理论基础上，常与其他如人类学、心理学、语言学、文化学及社会学等学科结合研究。目前，信息论与传播学的最新成果正逐步展现出跨文化交际对翻译产生的深远影响。跨文化交际活动随因特网等通信技术的快速发展，不再受时间和空间的制约，越来越多地受到大众传媒的影响。由此，跨文化交际学中又产生了新的概念——跨文化交际翻译，其使命以有效沟通为目的，去理解、诠释和翻译跨国界、跨时空、跨民族的信息。

笔者认为，谈到跨文化交际，我们不能狭义地论述文化，而应扩大其范围。因此，本节拟将国际商务英语纳入跨文化交际的研究范畴，着重剖析其在跨文化视域下的翻译对策。

目前，国内外商务界和译界已对商务英语做出许多定义。维基百科（Wikipedia）将其简要定义为与国际贸易相关联的英语。国际商务英语涵盖以英语为载体的各个相关的商务专业领域，如广告英语、金融英语、外贸函电英语、合同英语、会计英语、审计英语等。我们研究跨文化交际与国际商务英语的动态关系和交叉影响力，旨在提高商务交际的专业化程度和有效交际的效果。译者在进行国际商务英语翻译时，须特别注意本国文化与异国文化的差异，避免英语在不同文化背景下由于文化信息差异导致的语义信息丢失和文化信息不等值、不对等。

本节立足于国际商务英语的翻译，致力于分析现代国际商务英语翻译中的语言转换时文化信息丢失和扭曲的现象。探讨在新时代、新的发展形势及跨文化视域下商务英语的现状和将要面临的一些典型问题。针对所存在的问题，笔者提出了若干对策。

二、跨文化背景下国际商务英语翻译问题的剖析

根据美国作家查尔斯·米歇尔（Charles Mitchell）在《国际商业文化》

一书中提出的观点，“成功的国际营销是建筑在错误营销和失败的广告战役的废墟上的，跨文化交际的失误造成了大多数失败的国际营销”。我们可以清晰地看到，虽然国际商务英语的涉及涵盖面广，但广告英语和外贸英语占据了国际商务英语的半壁江山。据该书统计，全世界每年约有 4 万种产品会被介绍到全球市场，其中 85%左右的产品因文化差异导致翻译错误，以至营销失败。

在跨文化交际中，谈判者对文化差异的忽视，以及对文化差异的无知，是造成上述失败营销案例的根本原因。本节将展现国际商务英语翻译过程中的文化信息丢失和扭曲的现象，并以广告英语和外贸英语为例进行分析。

（一）文化信息传递的可译性限度

翻译是跨文化交际的桥梁。国际商务英语翻译也是如此。正确的文化信息传递建立在对比的等值文化信息传递的基础上。在此过程中，值得关注文化信息的可译性限度。译者如果遇到某些可能使读者误解的句子、读者眼里可能毫无意义或因语义过载而不能为一般读者所理解的原文，必须做出符合译语文化特征的调整，保证翻译在文化信息传递的可译性限度内执行。例如，有译者将 cash crops 译作“金钱作物”，笔者认为不妥。语言的特殊性使一种语言中的某些表达难以在另一种语言中找到对应语，于是就出现了语义空缺。英语的 cash crops 超出了读者理解的限度，若硬生生将其直译为“金钱作物”，则不免有了死译、硬译之嫌。

（二）译者在文化缺省下的真空转嫁

奈达在《语言与文化——翻译中的语境》一书中，提出了“文化缺省”

（cultural default）的概念，用来指交际双方在交际过程中对双方共有的文化背景知识的省略。国际商务英语的译者不仅要具备双语能力，更要有双文化能力。在文化缺省的语境下，译者若对于某些词汇理解不到位，若草率地将自己理解的意思真空转嫁给译文读者，可能带来不可估量的损失。

例如，广州摩托集团公司下属的“五羊”牌自行车，以其活泼新颖的外观造型、丰富的品种选择而深受中国消费者，尤其是年轻人的喜爱。但该产品在向英美等英语国家进行海外营销时遇到了阻力。究其原因，问题竟出在其品牌名称的翻译上。“五羊”的英语可以翻译成 Five Rams，ram 一词在英语中固然可作“公羊”解，但它还是一个文化词，隐含着“撞击”的意思。试想，哪个国家的消费者愿意承受“撞车”的不详意蕴而购买该产品？事实上，中国译者如果始终无视该品牌中“羊”一词的文化缺省，执着地将中国人对羊乖巧、灵敏的印象真空转嫁给西方消费者，那么后果不容乐观。“五羊”若是译成“Five Goats”，则带上了“色狼”的文化隐意；若是译成“Five Lambs”，则又捎上了“傻瓜，真好骗”的贬义；若是译成“Five Sheep”，英国人又会联想起“胆小鬼”。事关品牌营销，国际商务英语的译者应当谨慎对待。

三、跨文化动力下的对策探索

美国专家多德（Carley H. Dodd）在他的《跨文化交际动力》一书中，将跨文化交际失误症产生的原因归结为感知文化差异。译者是否能对不同场景中可能出现的文化困惑与不确定性，进行适当的调整，最终实现有效交际的目的，是十分关键的。

笔者认为，多德的跨文化交际失误包含上述国际商务英语的译者在文化信息的可译性限度和文化缺省时的翻译失误。对此，英国翻译家彼得·纽马克（Peter Newmark）的交际翻译理论有着现实的指导意义。国际商务英语，尤其是广告英语和外贸英语，为了凸显产品效果，用词常灵活夸张，注重效果上的对等，以达到营销目的。其终极目的是使读者了解原文真正的意义。国际商务英语的译者可借此探索跨文化动力下的对策。

（一）奈达归化策略的采用

美国语言学家尤金·A. 奈达的归化翻译策略正好与翻译理论家劳伦斯·韦努蒂的异化策略相背。归化翻译策略特指以译语读者为归宿，寻找功能对等的表达方式来传递文化信息，力求译文地道、生动，避免生硬难懂。事实上，两者在不同的语境中对文化的传播和交融各有利弊。笔者认为，对于商业目的性强的国际商务英语而言，归化策略能有效地避免对某些文化缺省状态下的词语的误译。归化翻译向来侧重交际翻译，注重交际效果的等值，减少因误译导致营销失败的可能性。

以前文提到的 cash crops 的翻译为例，既然直译的“金钱作物”无法为读者所理解，违背了国际商务英语的翻译目的和宗旨，那么不如将其归化译为“经济作物”。再如，“五羊”牌自行车，既然“羊”这个词怎样翻译都无法再现广告宣传的初衷，何不舍弃字面直译，归化译为“For Young”。虽然字面上译文与原文“五羊”相去甚远，但准确地表达了生产商寓意其产品新颖活泼、针对年轻消费者的意图，达到了最终目的。

（二）译者跨文化敏感性和能力的培养

专业的译者不仅能自由转换英汉两种语言，还能在翻译工作前，先一步感知文化差异，即拥有跨文化敏感性。他们能适时调整，使产出的译作既达到两种文化有效交际的目的，又能不偏离原文太多。这样的能力不是一蹴而就的，需要专业翻译课教师连同公共大学英语教师在日常英语教学中注重对学生跨文化商务意识的熏陶和跨文化能力的培养。无论英语专业学生的专业方向是语言文学、金融商务，还是英语教育，各高校都可以将《跨文化交际学》作为必修课。最终使学生具备跨文化交际能力，了解翻译的性质、特点，系统性掌握翻译技巧和方法，从而提高翻译准确性。

第四节　跨文化视域下广告传播中的茶产品翻译和对策

当前，随着全球经济一体化的快速发展，国际贸易和商务活动日益频繁。我国作为最大的发展中国家，与其他国家的交流也在不断深入。茶文化作为我国的国粹，传达了我国悠久的文化底蕴，也受到了各国人民的喜爱。因此，我们在茶文化的传播中应重视对茶文化的翻译，以求在准确、流利、雅致的基础上，更好地体现其原本的文化风格。但是，茶文化的传播，尤其是在其翻译方面，还存在不少的问题。本节从跨文化视域的角度，深刻论述茶文化传播的意义及其存在的问题，提出茶文化翻译中可以用到的技巧和方法。译者应通过灵活运用多种翻译手法，力求在准确翻译的基础上体现其中的人文情怀，更好地传播我国优秀的茶文化。

中国是第一个生产茶叶并将其发展为一种文化的国家。随着漫长的历史发展，茶的生产技术不断改进，渐渐出现了气味、色泽都不同的优质茶叶，形成了别具一格、各具特色的茶文化。这些茶文化出现在与茶叶有关的文学巨著中，也出现在以茶为主题的诗词歌赋、绘画戏文等方面。

目前，我国的茶文化在广告传播中依然存在翻译不准确、不优美的问题。有些译文过于平庸，体现不出我国文化底蕴。只有进一步改善，才能使茶文化在跨国界、跨文化交流中得到更好的传播。

一、跨文化角度的茶产品翻译问题

我国的茶叶种类繁多，质量上乘，家喻户晓，几乎人人都能说出几种茶叶名，如龙井、铁观音、碧螺春等。这些茶叶不仅气味清香，而且名字优美，让人浮想联翩。但是这些茶叶在国际市场上没有很大的名气，使我国茶文化的影响力与其在国内的声望不能同日而语。其原因在于我国只有优秀的茶产品和茶文化，缺少知名的茶品牌，对外交往过程中也未能很好地传达茶文化理念。

二、广告传播中茶产品翻译存在的问题

（一）茶产品的命名与茶品牌形成

英国著名的红茶品牌“立顿”已经在国际上享誉盛名，甚至在我国市场上也占有一席之地。究其原因，英国的立顿用大量的商业方法来打造这一品

牌。我国的茶产品大多以地理位置来命名，并以此来区分茶叶种类，缺乏知名的商业品牌。每一个地方不止有一种茶产品，数以万计的茶叶各自打造品牌，无法形成商标效应，也就无法带来商业效益，因此，阻碍了我国茶产品的发展，同时为我国茶产品在广告传播中的翻译带来了巨大的困难。所以，茶产品的命名是茶文化翻译中的第一个要解决的问题。

（二）语言差异及修辞转换

跨文化翻译本身就有一定难度，加上茶文化的博大精深，更给翻译带来了难度。我国的茶文化不仅仅是茶叶文化，也承载了我国的民族文化，体现了中国文化深厚的底蕴，是别具一格的东方文化。对茶文化的描述中常使用修辞、比喻、拟人、排比等手法，光是读着便觉得齿颊留香、回味无穷。然而，将茶文化翻译成外语时，有些译文无法体现汉语的美妙，导致降低了美感，很难展现其中的人文情怀。

三、广告传播中茶文化的翻译策略

（一）背景了解与资料收集

译者在开展翻译工作前要先了解我国的茶文化，包括茶叶产地和发源地、种植生长过程、色泽气味，还有茶产品所包含的文化含义及有关的古老传说故事等。并在此基础上，细致阅读茶文化的相关书籍，体会其中的情感和人文主义情怀。与此同时，要大量收集相关资料、书籍、音乐、诗词歌赋等，还要对其进行归纳整理。只有这样，才能翻译出茶文化内涵。译者也可加入自己的真情实感，这样翻译出来的译文就不仅仅是茶产品的广告词，而是一种文化。

（二）融入意境和保留原音

在茶产品的翻译中，除了直接翻译外，还应该注意保留原本名称的翻译和融入感情的翻译。直接翻译即将字面意义用高超的翻译技巧翻译出来，不仅能保留原本的文章风格，还能体现民族特色，尤其是要翻译出我国的茶产品常用地理位置和形状色泽等，这样翻译更能传达文化精髓。但是，并不是所有的茶产品名称都可以直接翻译出来，很多茶文化涉及晦涩难懂的历史典故和拗口的产地等，直接翻译未免生硬。这时，可以用保留原本发音的方法来翻译，以期能够保留原文中的文化情怀。同时，应该注解音译的地方名称，方便读者理解译文内容。比如，有些茶叶以实际的人名或者地名命名，翻译时就应该保留，这也是尊重文化的表现。

（三）手法灵活、思维大胆

直接翻译和保留发音的翻译都是以语言和文化为核心，但是这种翻译在融会贯通及传播至全球时还存在一定的缺陷，尤其那些对中国文化知之甚少的国外友人，很难理解其中的韵味。这就需要我们对传统的翻译方式做一定的修改，用一种更大胆、灵活的方式去翻译，即放弃原文的文字顺序和语句描述，根据译者本人的文化修养和自己的真情实感，进行文学层面的翻译。这对译者的要求很高，译者不仅要深刻理解茶文化的内涵，还要灵活运用文字，做到言简意赅，在准确传达原文意思的同时加入自己的想法。这样的翻译更接近于文学创作，不再是照本宣科的翻译，这既有利于我国文化的传播，也更容易被读者所接受。

第五节　跨文化视域下流行词汇翻译的问题及策略

流行词汇蕴含了丰富的文化内涵，在汉译英的过程中，不仅要透彻清楚地理解汉语原词的内涵意义，还要深入了解译入语的语言文化背景及特点。在跨文化视域下，应根据流行词汇的含义和文化内涵选择恰当的翻译方法进行翻译，从而做到达意、传神又地道，最终实现跨文化交际的目的。

流行词汇是特定语言系统对特定社会的真实反映，它不仅是一种独特的语言现象，还是一种丰富深刻的文化现象，唯有好的翻译才能充分展现中国传统文化的特色与博大精深。中国著名翻译家张培基先生说："翻译是运用一种语言把另一种语言所表达的思维内容准确而完整地重新表达出来的语言活动。"作为两种语言思维文化的交流媒介，翻译过程中必然有语言思维方式互相渗透的现象，从而对语言的使用产生影响，促使语言的产生、发展和变化。在进行翻译时，译者要从汉语和英语表达的差异入手，深入探究如何打破硬译的框架，用地道的英语表达汉语流行词汇，最终达到传播中国文化和实现跨文化交际的目的。

一、流行词汇汉译英存在的跨文化问题

（一）高语境与低语境

美国人类学家爱德华·霍尔（Edward Twitchell Hall Jr.）指出了文化在大众社会生活中的重要性，"文化是人类生活的环境，人类生活的各个方面无不受文化的影响，并随文化的变化而变化"。霍尔又进一步将文化语境分

为高语境和低语境。

高语境和低语境的差异导致了交流方式的不同。美国人更愿意坦率直白地表达自己的观点和态度，而中国人则更喜欢以委婉的方式来表达自己的意愿。在交际过程中，中国人更多考虑的是交际对方的感受和面子问题。受中国传统儒家思想中注重群体利益、讲究团队合作的影响，中国人习惯于用隐晦或婉转的方式表达自己的真实思想。为了避免出现尴尬的状况，我们往往不愿意使用语言符号来表达自己不赞同的态度，通常是利用表情、情绪、手势等非语言符号来间接地暗示对方，所要表达的真正目的有时很难从外在表现进行判断。美国人重视个人权利的使用，推崇个人主义，不愿意受到其他人施加压力的影响，所以他们倾向于坦率地表达自己的意见或态度。在以中国和美国为代表的东西方文化交流时，不注意两者之间的文化差异，很容易引起跨文化交际中的误解，甚至会造成交流障碍。

跨文化传播学中的高语境与低语境更直接地将词语翻译中语境的影响力放在了考虑范围内，同时客观地强调了语境在翻译效果上所起到的决定作用。在流行词汇的汉译英过程中，当很多汉语流行词属于高语境词语、目的语是低语境词语的时候，我们就需要注意使用什么样的翻译方法才能更好地实现高语境词语向低语境词语转换。

（二）文化涵化

文化涵化（acculturation），即“文化摄取”“文化本土化”“文化本色化”。文化涵化是文化变迁的主要形式，它指的是一种文化通过与异文化的持续接触而引起原文化模式的变化，也包括两个或更多不同文化体系之间由于接触和影响而造成的一方或各方发生不同程度的文化变迁。

随着中国文化软实力的增强，汉语流行词汇“渗透”进英语的情况也越来越多。如我们使用问候语“Long time no see.”向一位外国朋友打招呼时，他不会认为这是中式英语，风靡全球的魔幻小说《哈利·波特》系列中就使用了这句问候语；dama、tuhao 等流行词也以单词的形式被收录进《牛津英语词典》。可以说，这既是中国文化涵化成功的一种表现，也是中国文化输出的一个重要契机。

为了使更多优秀的、具有中国特色的、反映中国现实生活的流行词汇被其他国家接受，也为了增强中国的软实力和文化输出能力，在流行词汇的汉译英过程中，译者不仅要考虑中西方思维和语境方面的差异，还要考虑怎样翻译才能提高中国流行词汇的文化涵化与跨文化传播能力。

二、流行词汇汉译英的翻译策略

语言是文化的重要组成部分，不同的文化传统造成了不同社会体制和与此紧密联系的意识形态方面的差异，而这种差异也必然会在语言表达中反映出来。很多中国流行词汇在西方英语国家中并不存在相对应的词语，这就使汉译英出现了一个显著难点：如何让西方英语读者迅速、准确地理解、接受中国特有的一些思想观念？对于翻译者来说的最大问题是，如何让读者理解流行词汇内涵的同时尽可能贴近原文的特点，而不是把翻译本身完全变成一种随意的说明和解释。在跨文化传播的视域下，笔者认为汉语流行词汇的汉译英使用音译、归译和类推三种典型的方法，能够使受众群体更好地理解流行词汇的内涵。

（一）音译翻译法

在流行词汇的汉译英过程中，当不同语言和文化背景下的受众在感受、思考和理解等方面存在巨大差异，译者不能通过其中一种语言或文化体系中的词语来转换为另一种语言或文化体系中词语的意思时，音译就成了译者首选的翻译方法。音译法可以比较完整地保留汉语流行词汇的外在风格和语言特色。而在中国优秀传统文化向世界输出时，采用音译法还可以扩大汉语的国际影响力。

“与土豪做朋友”在网络流行之后，“土豪”就成为大众调侃的对象，同时进入了流行词汇的行列。在大众印象中，“土豪”是一个略含贬义的流行词，因此在翻译该词时需要特别注意其所处的文化语境。许多媒体就直接使用“土豪”的音译 tuhao，这样对“土豪”进行音译最能表达该词的中国特色和文化内涵。

（二）归化翻译法

归化翻译法旨在尽量减少译文中的异国情调，为目的语的读者提供一种自然流畅的译文。由于流行词汇往往反映的是当地的文化特色，使用其他翻译方法很难使受众理解其中的内涵，归化翻译法则可以使翻译更加地道、生动和形象。

例 1：“大咖”一词是在《百变大咖秀》这档综艺节目推出后进入大众视野的，有人把该节目翻译为 *The Show of Changing Casting*。“大咖”有很多含义，如果在翻译中使用 casting 则不能全面表达该词的准确含义。而英文中的 big shot 不仅有“比较厉害的人”“有身份的人”“高手”的含义，还有“大人物”的含义，所以用 big shot 表达“大咖”最合适不过了。

例 2：随着时代的进步与发展，凡是用其他人的身份来顶替自己做事的人都可以叫作“枪手”。如果我们把“枪手”翻译为 gunner，国外受众一定会一头雾水，不能正确理解“枪手”的含义。而英语中的 ringer 一词指的就是替考者，因此“枪手”被翻译为 ringer 则更贴切。

（三）类推翻译法

类推翻译法是在其他翻译方法的基础上演变的一种翻译方法。汉语流行词汇中有很多词汇是由类推得来，因而在进行汉译英时，可采用类推翻译法。使用该方法时，译者要充分考虑具有同一结构或成分的流行词汇的内在含义和文化背景，正确地使用类推翻译法。

“学霸”一词非常流行，原意指某个学术领域把持学术话语的人，略带贬义，现在则指那些学习劲头十足、成绩优异的学生。关于“学霸”的译法有很多种，如 super scholar、king of study 等，但笔者认为使用 study bug 更能体现出“学霸”一词的含义。在英语口语中 bug 有“热衷者”或“迷”的意思，而且 bug 和“霸”字发音也极为相似。随着“学霸”这一流行词的走红，很多带有“霸”字的流行词如雨后春笋般出现，在翻译这些词语的时候，就可以使用类推的方法进行翻译，如将“考霸”翻译为 exam bug，“面霸”翻译为 interview bug，“听霸”翻译为 listening bug。

流行词汇反映的是中国社会的一种真实状态，只有让外国人了解中国的最真实情况，他们才能更了解中国人的想法和心态，文化交流才能更加顺畅。语言的使用不能脱离文化而独立存在，流行词汇的汉译英翻译不仅体现在语言表达的层面，而且和文化有着千丝万缕的联系。汉语流行词汇不能随心所欲地进行直译，也不能仅凭英文字典的释义进行简单的翻译。译者需要深入了解两国之间的文化差异，充分考虑流行词汇所处的语境及其文化涵化效果。要想真正把流行词汇翻译到位，还需要译者进行更多的实践并积累经验，在跨文化实践中增强流行词汇汉译英的翻译能力。

第五章　大学英语翻译教学模式研究

第一节　大学英语翻译教学模式及方法

我国应试教育体系在实践过程中大多是将“听、说、读、写”作为重点考察项目，而考试本身涉及的翻译技能训练较少。在激烈竞争的环境下，社会对于人才质量的要求也在不断提升，高层次、复合型人才已成为市场紧缺的人才类型。现行的大学英语翻译教学模式与方法可能无法有效地满足市场的人才需求。为了改善这一现象，本节就大学英语翻译教学模式及方法进行探索。

在现今大环境下，国际交流与合作开始变得越发频繁。因此，在大学英语教学过程中，英语翻译教学的重要性也在不断凸显。就目前大学英语翻译教学的实际情况分析，其受到的重视程度还远远不够，教学目标、内容以及考评等多方面都尚未展开合理的统筹规划。这种情况下，大学英语翻译教学质量自然不够理想，培养出来的英语翻译人才也无法满足市场需求。为此，加强对大学英语翻译教学模式及方法的探索就显得十分重要，而笔者也是基于此进行了如下探索。

就大学英语翻译教学现状来看，教学模式及方法还是存在着较多问题，所以大学英语翻译的教学质量也无法得到保障。

首先，高校对大学英语翻译课程的重视程度不足。虽然大学四六级考试也增设了翻译相关的题型，可是少量的翻译分值只会促使学生的英语翻译学习变得更加具有目的性。有些学生虽然四六级分数较高，但在日常与人交流、对话的时候，却连简单的翻译都无法做好。这一现象也表明现今我国大学英语翻译教学模式及方法还未脱离应试教育体系。

其次，大学英语翻译教材陈旧。现今在实施大学英语教学活动过程中，大学英语教材上涉及的课后练习大多是对这一节课生词、语法、词组等内容进行复习，翻译部分的内容与知识点相对较少；此外，虽然涉及一些翻译练习，也只是简单的文本翻译，学生无法在英语翻译教学课堂发挥出自身的创造力与积极性。

最后，对于语言文化背景认知不足。英语翻译过程中，译者如果以我国文化背景进行翻译，抑或是逐字逐句地翻译，很有可能译出“中式英语”（Chinglish）。译者只有充分了解英语文化背景，才能真正理解文本背后所蕴含的深意。所以对语言文化背景认知不足，也是教学存在的问题之一，这也是学生出现理解偏差的主要原因。

一、完善大学英语课程体系

无论是任何教学内容，只有先设置一个十分合理且宏观的课程体系，才能对整个课程的顺利实施起到良好的指导效果。《大学英语课程教学要求》对非英语专业本科生的英语能力提出全新的要求，还对学生听、说、读、写、译能力提出了量化的指标。高校在大学英语教学过程中可以结合院校实际情况制定适合本学校教学活动的教学大纲，这样能有效地为大学英语翻译教学提供良好的保障。

在完善英语翻译课程体系的时候，教师最好结合市场需求及学生实际应用能力培养来设置课程，不能只是简单地将其分成听说课、读写课，而是需要合理地设置翻译课程，这样才能真正教授学生一些基础的翻译技巧和理论，使学生的翻译水平得以有效提升。除此之外，学校在完善大学英语课程体系的时候，还需要及时优化教材，编写适合学生发展的英语翻译教材，这样才能让学生的翻译能力得到有效提升。

二、创新翻译教学模式

大学英语翻译教学的主要任务就是培养学生的翻译能力，让学生能够更加顺畅地就业与交际。目前，传统大学英语翻译教学课堂的教学成效并不理想，若想改善这一现象，教师在教学期间就需要及时创新翻译教学模式，因为教学模式的合理性直接影响学生英语翻译学习的积极性与参与性。

具体而言，教师在进行大学英语翻译教学的时候，可以积极组织翻译实践课程，再将翻译理论与翻译技巧穿插于课堂。这样才能有效提升学生的翻译能力，改变传统单独讲述翻译理论的枯燥以及无趣之感。常用的翻译方法主要有意译法、直译法、直译意译结合法、长句拆译法、增译法、删略法、词类转换法、替代法等。教师在为学生讲述这些方法的时候可以结合具体案例，使学生能够得到较好的发展与提升。要想做到这一点，教师首先要对翻译理论以及技巧性知识形成良好的理解和把握，这样才能进一步提升翻译教学质量。

总之，在大学英语翻译教学过程中，应改变传统教师讲解、学生被动听课的模式，教师应多为学生提供翻译机会，让学生在实践翻译中逐渐提高自身的翻译能力。例如，教师可以搜集文学翻译、新闻报道、产品说明书，以此作为翻译教学例子来引导学生进行翻译，以提高学生翻译水平，有效保障大学英语翻译教学的质量。

三、加强对学生语言能力的培养

语言能力通常是指语言理解能力和语言表达能力，是翻译教学过程中较为重要的一项能力。翻译的过程也是学生理解原文的过程，更是学生创造性使用另一种语言再现原文的过程。只有真正实现对原文的有效理解，才能表达得更顺利。当代大学生对英语原文的理解存在不足，部分学生虽然能够理解原文意思，可是要让他们完整地翻译出原文就很困难。很多学生在翻译时都会出现翻译成中式英语这一现象。

针对这一现象，要求教师在大学英语翻译教学课堂上加强对学生语言能力的培养，而培养方式则可以从以下几方面着手。首先，教师可以借助互联网引导学生自主学习，让学生在自主学习过程中逐渐提高自身语言感知能力。具体而言，教师可以指导学生借助互联网或其他途径构建专属于自己的语料库，让学生在互联网英语阅读中逐渐提高自身的语言表达能力。其次，教师在英语教学期间还可以积极开展适量的翻译欣赏课程，或者要求学生阅读、翻译一些英文名著，之后再将自己的译文和名家翻译的作品进行对比，同时让学生在这一过程中总结心得体会，这样学生的英语翻译能力才能得到进一步发展。最后，教师在英语翻译教学课堂上可以积极组织学生开展小组合作翻译竞赛，通过竞争的模式来提高学生翻译的积极性，同时学生可以在合作期间学会从不同角度思考问题，这样学生的翻译能力才能得到有效提升与发展。

四、加强学生对知识背景的了解

大学英语翻译教学的目的不只是为了让学生掌握翻译技巧和翻译能力，还需要教师在教学过程中培养学生的双语表达能力和创造性思维能力。在英语翻译教学中，翻译方法可谓多种多样，这一点在上述分析中也有提到。至于使用哪种方式，还要通过翻译文本来确定。学生在英语翻译过程中存在知识背景差异是难免的，东西方语言文化差异本就是影响学生翻译准确性的重要因素，毕竟我国与其他国家在社会背景、表达方式、风俗习惯等多方面都存在差异。因此，学生如果对西方文化背景没有一定的理解，自然会存在一些翻译障碍，从而无法在翻译过程中有效表达其原有的意思。例如，“It was Friday and soon they’d go out and get drunk.”这句话，我们通常都是将其翻译为“周五到了，他们将出去喝得酩酊大醉”，可是如果能对英国文化背景有一定了解的话，我们就能够意识到周五是他们国家发薪水的日子，所以在翻译的时候不能只是流于表面，可以进行如下翻译，“星期五发薪日到了，他们马上就会出去喝得酩酊大醉”。这样能够更好地表达原作者所要表达的意思，从而有效提高英语翻译的准确性。

五、加强学生跨文化交际能力的培养

在大学英语翻译教学过程中，教师除了要加强学生对文化背景知识的了解，还需要加强对学生跨文化交际能力的培养。具体而言，在翻译教学过程中，教师要有意识地向学生传授西方国家语言文化相关内容，让学生在掌握语言知识的基础上，更好地了解语言文化相关因素，这样能进一步提高学生的文化敏感性，有效培养其跨文化交际能力。例如，在教学过程中，教师可以从中西方词汇差异着手，进行中西方文化对比。词汇是语言最基础的要素，更是语言交际活动得以顺利开展的基础，而文化差异在词汇层面表现最为突出，涉及的层面也十分广泛。英语中具有文化背景知识的表达方式在汉语语法中就十分少见，而我国一些十分独特的中国文化内涵也是英语语法中没有的，只有真正了解这一差异才能更加准确地完成翻译。例如，对于“The United States has now set up a loneliness industry.”这句话，学生如果不了解美国社会文化生活的形成，自然也就无法理解其中提到的 loneliness industry。这一词语是展现美国六七十年代出现的、大量孤寡老人无人照顾的社会问题，所以政府部门也为他们成立了一项福利事业，即 loneliness industry。只有真正理解了这一背景知识，才能在翻译中顺畅地将其翻译为“美国已建立了一项为孤寡老人服务的社会事业”，从而真正有效提高翻译的准确性。为此，教师在教学过程中一定要注意为学生讲解中西方文化差异，让学生从文化内涵和文化背景分析翻译文本，从而逐渐提高学生的跨文化交际能力。

综上所述，大学英语翻译作为大学英语教学的重要组成部分，也是现今教育教学环境必不可少的组成部分。做好英语翻译教学对于学生以后的就业也是意义非凡。为此，教师在教学过程中一定要加强对大学英语翻译教学模式及方法的探索，结合学生的实际情况进行教学创新与优化，这样才能在全球化环境下培养出更优质的专业人才，而学生也能在这一过程中得到更为良好的发展与提升。

第二节　大学英语翻译教学翻转课堂模式

翻转课堂作为一种全新的教学模式，提倡的是先学后教，即对知识传递到知识内化的这一顺序进行了逆向安排。师生的角色、地位也在这一模式中发生了较为显著的变化，使教学课堂真正地以学生为主体，充分体现出学生的主体地位，十分符合当代英语翻译教学的发展诉求。笔者就大学英语翻译教学课堂模式进行了研究，希望以此提升大学英语翻译教学质量，提高学生的翻译水平。

翻转课堂直接改变了传统课堂教学模式，在大学英语教学改革不断深入的环境下，英语翻译教学受到的关注度也在不断提升。翻转课堂应用于英语翻译教学，能有效改变传统课堂教学模式存在的弊端，有效激发学生参与英语翻译的积极性与能动性，从而有效提升英语翻译教学质量，使学生在校期间就达到较高的翻译水平，为其今后发展奠定良好的基础。

一、翻转课堂的相关概述

翻转课堂也可以称为“颠倒课堂”，这一教学模式利用互联网技术与工具为学生呈现出各种形式的教学材料，让学生在课前能够提前感知、了解即将要学习的内容。课堂上由教师引导学生互动与合作，使学生在合作探究过程中分析、解决问题，从而掌握知识。

翻转课堂作为一种全新的教学模式，将课前准备阶段、课堂教学阶段和课后评价阶段置于同等地位，借助“先学后教”这一形式组织学生学习与思考，充分发挥学生的学习主观能动性，使学生在课堂学习与思考过程中更好地掌握英语教学内容，从而有效地促进学生的全面发展与提升。这种颠倒式的教学安排直接改变了传统课堂教学中师生的角色和地位，同时对课堂使用时间进行了重新规划与安排，这不仅是对传统英语教学课堂提出的新挑战，也是教育现代化的具体表现，能更好地推动大学英语翻译教学与互联网信息技术的有效结合。而大学生也能在这一过程中得到发展与提升。

总之，在大学英语翻译翻转课堂模式下，学生不再是被动的知识接受者，而是在教师指导下成为了知识的探究者与思考者。翻转课堂为大学英语翻译教学营造了良好的环境，是一种十分有效的教学手段。

二、大学英语翻译教学翻转课堂实施的可行性

（一）翻转课堂模式实施具有较强的现实意义

在大学英语翻译教学过程中实施翻转课堂模式，就是在教学过程中开展先学后教的教学手段，在课前利用信息技术让学生进行自主学习与思考，而课堂教学期间则将知识应用与探究作为教学关键。学生在课前预习即将学习的内容时，可以根据自身学习能力选择视频播放次数，有疑问的地方学生则可以进行标记、记录，在课堂上向教师提出问题，或是直接在网络上与教师进行交流与互动，从而真正实现针对性备课与预习。课堂上，教师则可以为学生答疑解惑，组织学生合作探究，这不仅能促进师生互动与交流，还能进一步提升课堂活跃度，促进英语翻译教学活动的顺利开展。

（二）翻转课堂模式符合英语翻译教学的特点

大学英语翻译课程本身就具有较强的实践性，学生只有真正参与到大量翻译实践中才能逐渐提高自身的翻译技巧与水平。因此，教师想要在教学过程中单纯地依赖教学课堂来提高学生的翻译能力，显然不太现实。如今，

在大学英语翻译教学活动实施过程中，教师大多是将具体的问题与具体的翻译技巧结合在一起进行教学，这种直线型教学模式没有充分体现学生的主体地位，自然也就限制了学生翻译水平的提升。另外，翻译教学也尚未涉及学生的就业与发展问题，因此翻译教学效果并不理想。而翻转课堂模式能结合英语翻译教学特点，对课程进行优化与调整，还能为学生提供各种各样针对性较强的翻译内容，有助于培养高素质、高水平的翻译人才。

（三）教学环境满足翻转课堂模式实施的条件

在信息技术不断发展的背景下，大多数高校都配备了无线网络和计算机实验室；学生大多也有自己的电脑、手机等上网设备。这些均为大学翻转课堂提供了良好的实施环境。除此之外，在信息技术不断发展的过程中，网络英语教学资源也变得越来越丰富。学生不仅能够在课前学习教师录制的微课程，也能及时访问英语学习网站、观看英语电影，这些可以作为翻译教学的补充材料。大量的网络资源能有效丰富英语翻译教学的内容，使学生得到更全面的发展与提升。

三、大学英语翻译教学翻转课堂模式具体实施步骤及优化措施

（一）具体实施步骤

为了能够在大学英语翻译教学过程中有效发挥翻转课堂模式的应用价值，笔者就其具体实施步骤进行了如下分析：

1. 教师制作微课

大学英语教师在应用翻转课堂模式进行翻译教学的时候，可以先以每个单元为单位制作微课视频，以此作为学生课前的预习资料与学习任务，这也是翻转课堂实施的首要环节。要想真正做到翻转课堂模式实施的常态化，就要保证微课的需求量，但网络资源中可以获取且符合要求的视频数量十分有限。因此，教师在开展翻转课堂教学的时候，一定要结合翻译教学目标与内容为学生制作微课。微课的时间设定不能过长，最好是 8 分钟，不能超过 10 分钟。微课设计内容可以是单元重点，也可以是核心知识点，这样学生才能在课堂上得到提升。以《商务翻译》教学为例，教师在制作微视频时要结合商务英语特点及翻译原则，使学生在微课预习过程中才能较好地掌握课本知识。

2. 学生分组讨论

在翻转课堂实施过程中，课堂上大多翻译教学以学生合作为主，因此教师需要在课堂上结合学生实际情况合理划分学习小组，这也是组织课堂的关键。教师可以安排学生以小组形式讨论微课内容，然后通过小组汇报的形式进一步扩展学生的知识面，而教师则在学生汇报之后为学生答疑解惑、归纳总结，这样就能在课堂上加深学生对翻译内容的理解。

3. 课上练习

在大学英语翻译教学翻转课堂实施的过程中，教师还需要组织学生进行翻译实践。翻译教学本身属于实践性较强的课程，在教学过程中，教师可以在学生对翻译理论与技巧有一定把握的情况下，设置一些技巧性、针对性较强的翻译练习，并要求学生在规定时间内及时完成。这样学生就能在有限的课堂上主动参与翻译实践，从而有效提高其翻译能力。

4．翻译评价

翻译评价也是有效提高学生认知和翻译能力的重要手段。学生完成翻译练习后，教师可以在评价期间让不同小组相互交换翻译作品，再进行翻译评价，这样在翻译评价过程中学生就能从不同角度翻译作品，从而有效拓展学生的翻译思维，使学生了解自身的不足，进一步提升翻译能力。

（二）优化措施

1．创新教学模式，激发学生的翻译兴趣

教师在教学过程中需要创新，从激发学生翻译兴趣着手来优化教学模式，这样才能有效改变传统英语翻译教学带给学生的枯燥感和无趣感，从而有效提高学生课前预习和翻译实践的积极性。例如，教师在课前预习环节可以为学生推荐一些当下流行的英文电影、英文小说作为预习任务，要求学生在课前就这些短篇进行翻译，通过这一方式改变传统枯燥重复的学习方式，激发学生参与翻译的积极性，为学生翻译能力的提升奠定基础。

2．借助课余时间，提高学生的翻译实践能力

要想充分发挥翻转课堂模式的应用价值，教师一定要积极开展第二课堂，多为学生创设翻译实践机会。例如，教师可引导学生在课前或课后学习期间借助网络视频、英文书籍等英语翻译资料发展翻译能力，或是借助微信等社交软件组织学生用英语交流，这样就能在日常生活中锻炼学生的翻译能力，从而有效提高学生的翻译技巧与水平。

3．解放思想，主动尝试

学校一定要提高对翻转课堂的重视程度，解放思想，改变传统课堂教学

思路，主动尝试新型教学方法，积极使用国内外先进的教学模式组织学生的翻译学习，提升学生的翻译能力。

4. 加强师资队伍建设，提供教学实施保障

学校还需要结合英语翻译教学的实际情况，加强师资队伍建设，制定出相应的培训考核机制与标准，有效提高大学英语教师的素质与翻译能力，从而为翻转课堂的顺利实施提供保障。在对教师进行考核的时候，不仅要考虑教师英语翻译专业知识与能力，还需要加强对教师信息技术水平、翻转课堂教学理念的把握等方面的评价，这样才能确保大学英语教师具备良好的翻译能力，具有较高的教学水平，从而有效推进翻转课堂的顺利实施。

综上所述，大学英语翻译教学中的翻转课堂模式是一种有意义且符合当今时代发展趋势的教学模式。它能够有效解决大学英语翻译教学课堂存在的局限性问题，使学生获得更加多元化的发展，充分发挥学生学习的自主性，提升学生的自主学习能力，进而提高大学英语翻译教学质量。

第三节　生态翻译学与大学英语翻译教学模式

生态翻译学是一种新的教学模式，这种模式要求翻译与其他相关因子之间形成一种平衡关系。在翻译过程中，生态翻译学更加注重翻译环境，即要在不同环境下进行翻译。

一、生态翻译学的概念

生态翻译学是一种整体翻译模式。生态翻译学渗入了达尔文进化论的部分思想和天人合一思想。生态翻译学要求译者在翻译过程中与生态翻译环境达到有机统一。

生态翻译学要求在英语翻译教学过程中，师生和其他影响因素保持一致，形成一个整体。在生态翻译学视角下，教师与学生的关系不再是传统的讲课和听课的关系，而是一种在课堂上平等互助的关系。教师在讲授过程中应该和学生多互动，共同进步，从而形成一个和谐的生态翻译系统。在教育过程中应更加关注学生的发展，使教师和学生和谐相处，这样学生不仅可以学到知识，还能提升翻译能力。

二、生态翻译学视域下大学英语翻译教学存在的问题

（一）翻译教学模式落后

传统的翻译教学模式已不再适用，但很多大学还在固守传统的翻译教学模式，故步自封。在课堂上，教师不停地讲授知识，忽略学生的感受，学生不愿意听课，也不愿与教师沟通交流，学生的问题得不到及时解决，日积月累问题就会越来越多，导致学生无法得到进步。有些教师对一些重要的知识点不做过多强调，对于翻译技巧也只是简单带过，学生学不到知识，也不愿意去学。这种传统的教学方式已经不适应时代对教育提出的新要求，必须对这种模式进行改进与创新。

（二）部分教师和学生素质不高

教师课堂上占据主体地位，所以要求教师具备良好的个人品格和师德。但目前的高等教育者，不仅要承担教学任务，还要满足学校的各种要求，因此没有多余的时间去提高自己的专业素养，也很难在短时间内提高自己的专业水平。一些教师讲课太过于形式化，只传授知识，对文化背景不做过多解释，导致学生不了解西方文化，无法清晰认识中西方文化之间的差异。学生只能学习一些表面知识，缺乏对翻译的深层认识，导致个人翻译素养得不到提高。

（三）不够重视翻译教学

很多大学认为翻译这门课程不重要，所以在排课时把翻译学科的时长排得比较短，把更多的时间留给了其他英语课程。同时学校还规定教师必须在规定的时间内完成规定任务，导致教师在课堂上为了完成任务，对知识点讲解不全面，学生学到的知识也很少。有些教师完不成在课堂上的任务，只能让学生自己课下去学习，学生学习时间过短，导致学校培养不出翻译人才。

（四）教学过于表面化

大学传统翻译教学太过于表面化，局限于对课本练习题进行简单翻译。在翻译过程中，教师习惯于对句子逐字翻译，导致翻译出来的句子死板，同时教师也不注重协调整个翻译生态环境中的各种因素，只是协调了与书本之间的关系，导致翻译出来的句子只是在形式上与原文保持一致，让学生无法理解其深层内涵。这样整篇翻译出来的文章会存在很多语法语义错误，导致学生对整篇文章的理解出现偏差。

三、生态翻译学视域下大学英语教学模式的改进建议

（一）明确教学目标

要想提高大学英语翻译教学质量，首先，必须明确教学目标，并根据教学目标改进教学。学校应提高翻译教学在大学英语教学中的地位，要为翻译教学提供良好的教学环境，配备良好的师资力量。其次，应该牢牢掌握理论知识，这样有利于后续翻译能力的提升。最后，要利用一些辅助手段进行教学，如可以利用多媒体改善教学方式。

（二）改善课堂氛围

在生态翻译学看来，学生和教师之间的关系不是“教育者”和“受教育者”的关系，应是和谐相处的关系。教师相当于整个生态主体，应该合理利用其他生态条件，如教学教材、教学形式等，以此营造一个和谐的课堂氛围。教师和学生在和谐的环境下，可以发挥各自优势，共同学习、共同进步，从而加强对翻译的了解。生态化翻译教学模式不再强调教师的主体地位，而是更多凸显学生的地位，使学生参与到翻译教学当中去，发挥自己的主动性和积极性。教师在授课过程中要注意发挥学生的主体地位，引导学生自己思考问题、理解问题，这样有利于学生掌握知识。此外，教师可以创新教学模式，以此增添学习的乐趣，如可以让学生们讨论，让学生在讨论过程中巩固自己所学的知识。

（三）注重培养学生的语言能力

目前，大学英语翻译教学大多只是停留在课本上，会出现学生在翻译过程中只对句子表面意思进行翻译的情况，学生缺乏对句子、文章的整体了解。

这就需要提高学生的语言能力，从而使学生能把握整篇文章的结构，准确理解文意，精准运用语法知识。还可以使学生深入挖掘文章的深层内涵，更好地翻译句子和文章。

（四）加强对中西方文化的了解

生态翻译教学模式注重对语言文化内容的传授，包括增加对中西方文化之间差异的了解。了解中西方文化差异是一个优秀翻译者所必备的条件，只有了解中西方文化差异，译者才能对句子翻译出更加透彻的译文。这就需要大学注重这方面的教学，可以专门开展一门讲解中西方文化差异的课，让学生系统地学习西方文化。教师在课堂上要加强对中西方文化差异的讲解，使学生时刻接受西方文化的熏陶，这样才能在翻译时结合中西方文化差异，准确地翻译。

生态翻译学对大学翻译教学提出了更高的要求，强调翻译教学整个环境的有机协调及教学方法等。大学翻译教学通过对翻译环境的改善、教学模式的改进、加强对中西方文化的了解、改变教师与学生之间的关系，不断向生态翻译教学模式靠拢。翻译教学不再是简单地与原文照应，而是整个翻译教学因素的有机统一。大学翻译教学需要从多方面、多角度对翻译教学模式进行研究，从而形成完整的大学英语翻译教学模式。

第四节 双语平行语料库教学理论下的商务英语翻译教学模式

当前，在经济全球化背景之下，我国经济的对外交流不断增加，而商务英语是国际交流中的主要交流媒介，因此大学已经开始重视商务英语教学。由于我国商务英语教学发展时间较短，教学体系和模式所含结构存在不完善之处，导致当前商务英语翻译质量较低，难以满足企业的国际化交流需求。在未来的发展中，高校应结合双语平行语料库对商务英语翻译教学模式进行优化设计，丰富教学过程中的语境和翻译意识，提升教学质量。

一、理论基础

双语平行语料库是语言的学习、翻译实践以及语言知识结合组成的教学理论。教师在教学中使用建构主义，能增强学生的主动性，并针对学生的相关语言学习和翻译经验来引导学生形成合理的语言架构。双语平行语料库运用于我国的商务英语翻译教学中，有效提升了商务英语翻译教学的质量。但是这一教学方式的发展和推广还存在不足之处，如可以获取的语料库数量较少、难以将语料库内容融入教学过程中等。

双语平行语料库中的理论资料十分丰富，可以帮助学生在学习中获得更丰富的教学资料支持。在实际的教学中，教师可将双语平行语料库作为教学资料，围绕学生的学习过程设计合理的教学模式，提升学生使用语料库的积极性。双语平行语料库的使用和支持使商务英语翻译教学过程的教学主动性有所提升。

二、商务英语翻译教学的目标

当前，商务英语翻译教学的主要目标是通过具备商务英语使用和翻译经验的教师的教学和带领，使学生提升自己的双语知识水平和翻译能力，培养学生双语文化素质以及审美能力等。

当前商务英语的教学目标主要包括：①培养学生学习和使用英语翻译的兴趣，提升学生的商务英语翻译水平；②借助语料库中的英语文章分析和对比等方式，对当前学生使用商务英语的能力等进行规范和提升；③通过使用不同译本，让学生对不同翻译模式进行对比辩证，提升学生的翻译和辨别能力；④通过对语料库的观察和分析，丰富学生的翻译技巧，提升他们的翻译意识；⑤培养学生高效使用翻译工具，如使用词典等的能力，方便学生在未来翻译工作中使用；⑥学习过程中对商务英语翻译工具的使用以及翻译技巧的练习，可以提升学生的商务英语翻译技巧的质量及翻译能力。

三、教学模式的构建

双语平行语料库是由原文文本及其平行对应的译语文本构成的双语语料库。在英语学习过程中，有些学生仍然习惯用母语的思维方式和使用习惯。由于两种语言的语法、词语使用等方面存在不同之处，母语使用习惯会影响英语的学习。在英语学习过程中，过多使用母语的语言使用规则和思维，会影响学习者学习新的语言知识。因此，在部分研究中，也将英语学习过程中的母语迁移作为负迁移的一部分。

当前，在商务英语学习过程中，比较流行的学习方法是回避使用母语讲授的教学方法，这样可以避免学生在学习过程中使用母语思维和习惯对商务英语学习造成影响。回避使用母语讲授的教学方法主要包括直接法、听说法、视听法等教学方法。直接法提倡在学习过程中使用目标学习语进行交谈和阅读，强调在学习过程中不使用母语作为翻译和注释，避免以汉语为母语的思维定式影响学习。这种学习方法的指导思想是直接认知思想，这种思想认为在学习过程中的最佳方式就是在纯粹的商务英语语言环境中进行学习，避免母语的影响。

第五节　多模态话语分析理论下的大学英语翻译教学模式

如今，随着网络与信息技术的发展和普遍应用，多模态话语分析理论为大学英语翻译教学提供了全新的视域。本节将讨论在大学英语翻译教学中如何引入多模态教学模式，并通过语言、图像、声音等符号激发学生的英语学习兴趣，提高大学英语翻译教学的质量和效率。

一、理论依据

多模态话语分析理论兴起于 20 世纪 90 年代，它以英国当代语言学家韩礼德（M. A. K. Halliday）的系统功能语言学为理论基础，将图像、声音及动作等作为语言符号性的研究重心。研究认为，除语言符号外的其他非语言符号系统也是意义的源泉，非语言符号同样具有语言的系统性和功能性；不同的符号模态可以表达相同的意义，语言和非语言符号也是意义建构的资源，由多种符号系统构建的多模态话语，同样具有概念功能、人际功能及语篇功能。

多模态化教学这一概念是由新伦敦小组（New London Group）于 1996 年提出的新术语。作为一种教学理论，它主张利用网络、图片、视频及角色扮演等方式调动学生的多种感官，使其参与到语言的学习中。英国学者克雷斯（T. Kress）和范·利文（Theo van Leeuwen）在著作中探讨了如何在课堂中开展多模态教学，指出了图像、手势及动作在教学过程中的作用。国内语言学家胡壮麟、朱永生等也研究了多模态话语分析理论在教学领域的使用，认为在数字化信息时代及多媒体技术被广泛使用的背景下，利用多模态教学理论构建多模态化的教学模式是时代发展的需求，也是促进语言教学发展的重要途径。

在大学英语翻译教学课堂上实施多模态教学势在必行。教师可以凭借多媒体技术，在课堂上借助声音、图像及文字等符号，构建多模态教学方式，从视觉、听觉等方面刺激学生，提高他们对语言信息的认知能力，以达到更好的教学效果。

二、多模态翻译教学模式的可行性分析

多模态教学是指在多媒体环境下，教师充分调用语言、图像、声音等多种模态获取、传递和接受信息。随着多媒体教室与校园网的普及，计算机多媒体及网络技术在英语教学中已得到广泛使用，它们具有信息量大、信息输入手段多样化等特点，为学生提供了无限的学习资源和有利的学习条件。在大学英语翻译教学中，计算机多媒体教学有助于提高教学的效率，扩大相关翻译理论知识，增加学生课内翻译实践的机会，改变了传统以教师讲授为主

的单一课堂教学模式。

（一）多媒体是多模态教学的保障

多模态教学就是利用多种手段，如图像、声音、动画等手段，刺激人的视觉、听觉、触觉等多种感官，从而达到有效的交际效果。基于计算机的网络教学为英语学生提供了无限的资源和有利的条件。多媒体网络教学既包括文字、数字等信息交流手段，还包括声音、动画及图像等多种信息媒体。

随着大学英语教学改革的不断推进，多媒体网络教学在大学英语教学中得到普及，现有的英语教材大都是为多媒体教学设计的，如外语教学与研究出版社出版的《全新版大学英语》，都是集纸质课本、电子光盘和网络学习平台为一体的立体化教材。因此，在大学英语翻译教学过程中，教师要充分利用多媒体网络技术信息量大、交互性强的特点，提高大学英语翻译教学的质量和效果。首先，教师可以分类建立包括 PPT、视频、音频及图片在内的大学英语翻译教学资源，在教学过程中可以及时检索和更新所需素材，保证翻译教学的时效性；其次，教师可根据所教班级的专业特点和学生兴趣，选择相应的学习素材上传到网络学习平台，让学生进行实战训练，做到理论学习与翻译实践相结合。同时，在多媒体技术支持下，教师能够及时地了解学生的学习和实践情况，及时进行指导。总之，在多媒体网络条件下，教师可以通过文字、图片、音频、视频及 PPT 等方式来训练学生的视觉、听觉和感觉等模态，以此提高他们的语言表达能力及信息输出能力。

（二）多模态翻译教学的优势

作为传统的大学英语翻译教学模式的补充，多模态翻译教学模式有其内在优势。一是，多模态翻译教学运用于大学英语翻译教学，可以使学生的多种感觉器官参与到翻译学习中，促进学生学习的自主性。多模态强调多种感官并用，教师在教学过程中可以利用多种教学资源，如声音、视频、动画、彩色文字来刺激学生大脑皮层相应的机能区，从而激活学生视觉、听觉和触觉等模态，以加深学生对所学内容的理解与记忆。同时，多模态翻译教学模式还有利于营造轻松、活泼、积极的课堂氛围，激发学生学习语言的积极性。例如，在翻译教学中，教师可以选择一部影视作品，如《阿甘正传》中的经典片段让学生欣赏，并告知在观赏的过程中会选取经典句子让学生进行翻译，之后由教师提供参考答案供学生分析讨论。通过声音、图像和文字等多种形式为学生营造较为真实的语言环境，学生的眼、耳、口等感官不断受到刺激，学生的各个神经器官和兴趣也因此得到调动，学习的积极性得到激发。二是，在课后的翻译学习活动中，在多媒体技术的支持下，学生可以利用教师多模态文本输出的信息，多次重复地观看、回忆、讨论，巩固所学知识，提高翻译效果。与此同时，有了多媒体技术的支持，学生可自行选取、收集和整理一些与自身实际水平相符的翻译学习材料，不断加强翻译练习，从而提高翻译能力和水平，促进了学生学习英语的主动性和积极性。

三、多模态话语分析理论下的翻译教学模式

（一）教学内容呈现多模态

《大学英语课程教学要求》提出，大学英语教学目标是培养满足社会所需的综合应用型人才。但目前翻译市场上从事翻译工作的大多数人员均属于自由职业者，翻译人才良莠不齐，翻译质量总体低下；高校翻译人才培养

对象比较单一，基本上局限于英语专业的学生。因此，随着翻译市场需求的专业化和多元化，要求译者有足够的专业知识和双语能力。而英语专业培养的毕业生在知识的广度和专业的深度上无法满足翻译市场的需求。所以具有一定的专业背景，又具备较强外语能力的翻译人才颇受欢迎。在这种条件下，大学英语翻译教学迎来了机遇和挑战。为培养一批能适应翻译新形势和翻译市场需求的新型人才，大学英语翻译课堂教学应实现多模态化。教师除了讲授简单的翻译技巧和方法外，还应增加翻译理论、中西方语言文化对比、中西方翻译史和英汉语言对比等课程内容，加强学生对语言和翻译的认识和理解。在传统的翻译教学中，教师往往依赖教材或是自己准备的资料，这种做法既费时又费力，还影响翻译教学效果。多模态教学为传统课堂教学提供了帮助，教师在翻译教学中可以充分利用网络、语料库等收集大量翻译资料，供学生进行翻译实践训练，以便提高教学效率。

（二）教学手段呈现多模态

在传统的教学环境下，教学设备通常是“黑板+粉笔”，学生总是在教师的要求下机械地进行翻译练习，然后由教师进行点评。时间一长，这种单调的授课形式容易让学生厌倦，不利于激发学生的主观能动性，学生的学习效率较低。在多模态教学环境下，首先，教师可将翻译教学的内容以 PPT、音频与视频等形式呈现给学生，使翻译教学课堂变得丰富、生动、形象，使教学效果最大化。例如，教师可以给学生播放一个电影片段，从视觉、听觉上吸引学生，然后让学生记下电影字幕，并要求学生进行现场翻译。具体形式是学生以小组讨论的形式进行，在每个小组完成翻译任务后，各小组之间进行交流、评比，选出最佳翻译，然后由教师进行点评和讲解。这种教学方式可以提高学生的积极性，也可增强学生的课堂参与度。其次，教师可以通过多媒体网络技术，在自己的班级建立QQ群、微信群，然后把翻译的素材通过微信或QQ群等传递给学生，供学生交流、讨论，然后形成较为理想的译文，最后由教师评析学生遇到的难点，得出较好的翻译成果。总之，多模态教学环境，将教师教学从课堂内延伸到课堂外，使师生之间、学生之间保持着动态的信息交流。

（三）翻译实践形式呈现多模态

在传统的翻译实践中，学生单纯地依靠教师布置的任务来提升翻译能力，这种形式略显单一，效果欠佳。学校应该多为学生创设参与翻译实践的机会，锻炼学生的翻译能力。

首先，公共外语教学部应加强与各二级学院之间的联系与协作，定期举办符合本专业学生实际能力的翻译比赛活动。大赛可以由大学英语教学部的教师以及学生团体筹备，组织形式可以是汉译英或英译汉；比赛的内容可以根据各学院的专业特点，选择一些与专业相关的词组、句子或段落让学生翻译（参赛的内容可以随着学生学业水平的提升适当增加难度）；参赛对象是整个学院的学生，并确保每个学生都有机会进行尝试；比赛可分初赛和决赛，逐层进行选拔；可设一、二、三等奖，并颁发相应的证书。

其次，学校可以与翻译机构合作，选派本校的师生到合作的翻译机构实习。这样，既可以促进学生课堂知识的吸收，增加师生对翻译行业的了解，又能锻炼师生的翻译实践能力。同时，翻译机构也可以调派翻译人员到学校上课，让翻译人员了解学校翻译的教学现状，并针对教学现状提出建设性意见，为学校培养高素质的翻译人才提供保障。

最后，学校还可以为翻译机构的人员提供培训、业务咨询和理论指导，并对翻译机构的优秀译员进行荣誉聘用，邀请其到学校进行翻译专题讲座；翻译机构也可以把自己的翻译业务转包给学校师生，充分利用学校人力资源的优势，缩减自己的劳动力成本。总之，这种双赢的校企结合方式为师生的翻译理论学习与社会实践的结合创造了有利条件，既让师生在社会实践中不断提升自己的翻译实践能力，也有利于翻译机构储备优秀翻译人才。

综上所述，以网络为基础的多模态翻译教学模式为英语翻译教学提供了全新的视角，弥补了传统翻译教学模式的不足，丰富了课堂教学内容，增强了教学的直观性和生动性，提高了翻译教学效率。现代网络技术为学生进行多渠道、多形式的翻译学习和实践活动提供了保障，增强了学生的自主学习能力。通过多模态实践手段，提高了学生在翻译实践中的积极性和主动性，也提升了学生的翻译能力。总之，多模态翻译教学模式有助于推动大学英语翻译教学模式的改革，并且在为培养社会所需的复合型翻译人才方面起着非常重要的作用。

第六章　英语翻译混合式教学理论

第一节　POA 与英语翻译混合式教学

国外的混合式学习理论和实践形成较早，相对比较成熟，由网络教学和课堂传统教学相结合，学生根据自己的实际情况选择合适的学习方式，开展教师和学生之间、学生和学生之间以及人机互动的“学”和“习”的混合。在研究方面，国外学者多倾向于研究混合式学习与网络教学、远程学习及高等教育之间的联系，对混合式学习教学设计与思路的研究相对较少。

一、以 POA 为指导的“中西文化对比与汉英翻译”混合式教学的思路与设计

国内，文秋芳教授和许多一线教师经过数十年的反复研究、论证，提出产出导向法（POA），包括教学理念、教学假设和以教师为中介的教学流程。本节以大学英语提高课程“中西文化对比与汉英翻译实践”为例，以“产出导向法”为指导，实施“阅读、口译、笔译”一体化教学，继续发挥线上与

线下相结合的混合式教学优势，尝试构建基于“产出导向法”的大学英语课程混合式教学模式。

该课程根据课程教学大纲和学生实际水平对材料知识点等内容进行有效输入，设计相应的口译和笔译任务。经过小组探讨、交流与教师指导，促进任务的有效输出。使知识的输入形成良性循环，教师可以根据产出展示情况做出反馈。该课程的目的是将“产出导向法”理念与网络多媒体技术深度融合，尝试把混合式教学模式应用于大学英语提高课程“中西文化对比与汉英翻译”中，探索解决大学英语提高课程在课堂教学模式及课程教学评价体系构建等方面存在的问题。

在具体的教学实施过程中，师生合作以“产出导向法”为行动指导，采用“教师发布课前产出驱动任务+大量语言输入材料上传+学生课前有效自主学习+小组成员互动讨论和交流+有效产出—课中知识吸收内化再输出+教师课堂评价反馈—课后巩固加强与课外实践”的教学流程。该教学流程根据课前输入、课中促成与输出、课后再输出三个阶段实施混合式教学。在评价体系上，教师运用形成性评价与终结性评价相结合的有效评价方式鼓励和激发更多的学生参与活动。

（一）教学整体思路

POA 提倡教师在整个流程中要恰当地发挥中介作用，其教学理念包括“学习中心说”“学用一体说”“全人教育说”；教学假设涵盖“输出驱动”“输入促成”和“选择性学习”；教学流程由“驱动”“促成”和“评价”三个阶段构成，教学流程是教学理念和教学假设的实现方式。

根据这一理论，教师根据产出导向法制定教学流程：首先，教师在网络平台上发布大量语言材料和学习任务单，学生根据自身水平选择学习内容，对教师布置的任务进行学习材料的融合，完成产出任务，最后在班级进行成果展示。教师对学生的自主学习和任务完成情况进行在线评价和课堂评价，小组成员完成自评及互评，教师最终对班级整体学习情况给予评价。

（二）教学流程设计

1．驱动设计

“驱动”环节对学生学习兴趣有直接的影响。产出导向法理论指出了“驱动”的教学要求，即教师向学生呈现交际场景和讨论话题，使学生发现自我语言的不足，产生学习欲望，继而教师明确教学目标和产出任务。完成“驱动任务”需要班级成立若干学习小组。根据混合式教学的驱动教学设计，教师可将每个班的学生分成若干小组（每组 6～8 人），选定小组负责人。小组在课余实施学习任务单的互学互助和学习讨论中，根据实际情况填写教师制定的小组手册，内容包括学习任务、分工、贡献值等，教师随时提供咨询和辅导。

“驱动”环节在课前完成。教师提前一周通过网络教学平台上传相关教学材料以供学生课前进行选择性自主学习，发布符合教学目标并能激发学生学习兴趣的任务单，要求学生在规定时间内完成。教师提供的输入材料需结合学习任务单，提供语言生动、图文并茂、富有吸引力的材料。学生根据自身水平对学习材料进行自主选择，勾画出重点、难点和需要教师答疑解惑的内容，并统一提交给小组负责人，由负责人总结归纳后上报给教师。通过这种方式，教师能掌握学生的学习情况，能够针对性的在网络平台发布微课及课程 PPT 和其他辅助学习资料，以便帮助学生进一步学习。教师需做好学生课前学习的在线辅导与检查评估工作，根据学生在线讨论区发布的帖子或班级 QQ 群提出的疑难问题进行指导，提供帮助和建议，并总结学生的自主学习问题，为课堂教学做好充分准备。

2．促成设计

“促成设计”环节在课堂完成。在这一环节教师要让学生再次了解任务单要求，指导学生根据自主学习中学习材料的输入情况，促成产出任务的再次完成。本课程的促成环节设计要点如下：首先，教师根据学生提出的重难点进行讲解，运用启发式、探究式与学生进行互动交流，确认学生掌握基本知识。其次，教师根据课前学习任务单，要求小组在课堂上进行 5～8 分钟的再次讨论和交流，指导学生进行深层次输出。教师在班级里随时监督小组任务的开展，关注每个学生的参与程度，督促他们在小组活动过程中有所贡献，细致指导小组成员遇到的问题，保证产出的质量。最后，在指定时间结束，要求小组成员课堂展示小组研究成果，其他小组的学生不仅是倾听者，也是监督者，要对展示内容和效果在教师制定的小组手册上打分和评论总结。这一活动结束后，教师进行有效反馈，归纳活动展示中的优点和缺点，并加以评价总结，从而有利于活动的再次开展。

3．评价设计

“评价”环节是产出导向法的最后一个环节，也是关键环节。教师需要客观、公正、公开地对待这一环节，确立由教师为主、学生为辅，共同打分的复合评价激励机制。

根据混合式学习的特点及产出导向法来评价环节，教师制定科学、规范的评价和测试体系，为学生制定小组评价手册和学生个人档案。首先，教师通过大学网络教学平台大数据了解学生对教师所发布的课前材料的学习参与度与时长，以及讨论区发帖数和对重难点的掌握情况。教师评价学生在促成过程中的输入及产出情况，各小组成员对自主学习和小组活动贡献值进行自评及互评。其次，在课堂的展示活动中，教师和学生都要对展示者及整体小组情况进行相应的评价，反馈总结，纠正错误，提出改进方向和措施。最后，在学期总评成绩评定方面，纳入小组评价手册和学生个人档案中的数据，使形成性评价和终结性评价有效结合。

二、教学改革的意义和目标

（一）探索“互联网+”时代大学英语混合式教学的良性生态体系

《大学英语教学指南（教育部 2017 最新版）》要求各高校在课堂教学设计与实施过程中，融入并大量使用信息技术创建多元的教学与学习环境，如微课、慕课、网上优质教育资源等，进一步拓展教学内容，实施基于课堂和在线课程的翻转课堂等混合式教学模式，使学生朝着主动学习、自主学习和个性化学习方向发展。

（二）优化课程综合评价体系，改进课堂教学模式

逐渐形成以教师引导和启发、学生积极主动参与为主要特征的高度融合教学常态，创设学生主动学习的环境与条件，使教学过程真正实现由教到学的转变。教师在培养学生的自主学习能力和意识时，可通过研究性学习、小组合作学习和项目驱动任务学习帮助学生提升中西方语言和文化的分析对比能力以及整合甄别能力，培养学生的跨文化意识和跨文化交际能力。

（三）实现大学英语课程的人文性、工具性和学术性的有机融合

通过中西文化的比较及汉英两种语言的对比，学生能掌握基本的汉英互译方法和中西方翻译理论的发展脉络，从而培养其中西文化鉴赏能力，提升其文化自信力。

在提高课阶段，大学英语课程尝试运用混合式教学的经验和模式，有利于进一步推动大学英语提高课程的教学改革实践，规范提高阶段的大学英语教学，构建和完善大学英语提高课程混合式教学模式和评价体系。本教学方式方法、改革及设计思路将使更多的学生和教师受益，为大学英语教学质量的提升探索出一条崭新的道路。

第二节　英语翻译混合式教学的形态

在互联网大数据技术发展势头迅猛的时代背景下，大学英语课堂可以充分利用这些新技术改进现有教学模式，提高教学效果。本节在分析现有大学英语翻译教学模式存在不足的前提下，采取定性和定量的研究方法，尝试结合以翻转课堂为主的混合式教学模式，探索如何构建线上与线下结合的混合式大学英语翻译教学新形态。

随着全球化进程的深入和中国“一带一路”等国家倡议的实施，我国与世界其他国家在产品技术和文化领域的交流日益增多，为了更准确地传递信息，翻译能力就变得尤为重要。然而，现有情况是专业翻译人才储备不足，

其语言能力也有待提高，可见现有的大学英语教学模式在翻译教学方面仍存在诸多不足。大学英语教师在课堂上更多停留在词汇、语法等基础内容的讲授上，翻译教学多是一带而过，翻译教学从来没有真正融入大学英语的读写教学过程中，涉及的翻译内容停留在完成课后练习和相应测试题上，多数学生对翻译理论和翻译技巧知之甚少。这种模式下，教学质量和效率势必会大打折扣。

一、以翻转课堂为主的混合式教学模式在大学英语翻译教学中的理论基础及意义

何克抗教授指出，混合式学习就是有机结合传统学习模式和网络学习模式，重视对整个学习过程的设计、监控与评价，同时大力提倡学生自主性学习。黄文武提到，最佳的学习效果是传统课堂教学模式与网络化教学模式相互混合后的产物，只有优势互补，才能适应新时期教学模式发展的趋势。2007年，美国学者斯特耶（J. F. Strayer）最先对“翻转课堂”（Flipped Classroom）这一概念进行研究，并进一步定义了“翻转课堂”这一概念。他指出，应将大部分传统知识传授的教学活动移至课堂之外，而课堂内主要用于学生主动的学习活动以及讨论交流；同时要求学生完成课前以及课后的学习活动，以促进知识吸收内化，成为课堂内活动的更好的补充。

以翻转课堂为主的混合式教学模式充分重视且运用现代化网络信息技术，在传统教学课堂上充分利用线上学习手段和工具，其中包括慕课、微课、PPT、在线试题库（iTEST 系统）、读写辅助工具（批改网）、语音听力辅助工具（讯飞）、在线评价系统等。课前，教师根据学生需求及授课内容归

总、梳理线上及线下素材，并给学生布置预习任务，学生自主观看或阅读，做好课前准备。课中，教师引导并汇总学生的疑难问题，就学生学习过程中遇到的问题进行研究探讨，并解决这些问题。授课结束后，教师运用在线评价系统和线上交流平台与学生进一步沟通、互动，解决疑难问题，对学生学习进度进行及时跟踪、监控。这种混合式教学模式为师生提供了一个时间和空间灵活、高效协调互动、信息资源多元化的学习环境，形式上“翻转”了传统的面对面的课堂教学方式，丰富完善了教学理念和内容，优化了教学评价环节并提高了教学效果。

二、混合式教学模式下大学英语翻译的教学设计

笔者以辽宁省某高校非英语本科专业二年级学生（网络大数据专业）为研究对象，通过师生座谈和调查问卷的方式了解学生对翻译教学的认知，熟悉学生对翻译教学内容和评价等方面的要求。笔者以《新视界大学英语》第三册课后练习中的汉译英翻译教学为样例，阐释大学英语翻译教学中翻转课堂教学模式的具体实施过程。此教学模式分为三步。

课前，教师提前一周向学生公布云端翻译教学相关翻转课堂微课视频、PPT 等文字素材，素材内容包含概念定义、中西方翻译理论和标准、基本翻译手法和技巧，同时列出重点词组和核心单词，并向学生设问。值得注意的是，翻译理论和翻译手法等知识相对抽象，学生接受起来不容易，可以在素材呈现过程中加入一些介绍背景知识的视频素材等，适当增加趣味性。建议由 3～5 名学生形成翻译学习小组，学生在自主学习讨论后，完成批改网和 iTEST 作业系统的课前练习任务。同时鼓励学生在现有素材资源的基础上，自行获取与该知识点相关的线上和线下资源，并在云端平台进行分享，随时

随地与教师和同学交流沟通，在这一过程中学生对相应的翻译理论和翻译手法能有更深刻的理解和认识。

课中，在混合式教学模式中，学生学习的主观能动性被极大调动，整个教学过程的开展都是基于学生的自主探究与协同探索。课上各个小组就课前讨论形成一份报告，在课上展示自己小组对翻译内容的理解及运用了何种翻译手法，这使学生对学习内容在宏观上有了整体把握。同时教师鼓励各小组阐明在预习过程中遇到的疑难点，重点解析翻译素材中的疑难点，并及时评价小组的学习情况，适时地引导学生进行组内和组间评价，加强教师与学生、学生与学生间的交流互动，拓展学生思考的深度和广度，师生角色的改变也形成了混合式教学模式下的新型师生关系。

课后，学生要不断巩固学习成果，对非英语专业学生来讲，翻译实践训练更是必不可少。在完善批改网和 iTEST 作业系统中相关翻译练习的同时，学生应当主动向教师和同学展示自己的翻译成果，寻求教师和同学的评价，并不断改进。教师在指导学生的译文时，一定要纵向审视学生的整个实践练习，肯定学生能力的提高，增强学生不断学习进步的信心。

从以上三个环节可以看出，混合式教学模式不仅巩固学生学习翻译的理论基础，扫除了词汇和翻译手法等存在的障碍，而且师生间、同学间形成良性互动关系，进一步丰富和完善了传统课堂教学模式。混合式教学模式下，不能把传统课堂教学模式和新型线上教学模式完全割裂开来，二者应是相辅相成的。线上教学模式是传统课堂教学模式的延续和补充，传统课堂教学模式是线上教学模式有效的实践检验方式。

三、混合式教学模式下大学英语翻译教学效果调研

经过一学期的课程实践，笔者在学期期末再次对网络大数据专业两个班 108 名学生做了调查问卷。问卷内容涵盖课堂学习效果的反馈、翻转课堂开展疑难点分析、学生学习经验心得等 20 个问题，设置了“十分有效”“一般”“没有差别”“完全没必要”四个选项，并赋予 5、4、3、2 不同的分值。发放问卷 108 份，有效收回 95 份。从统计软件分析得出的调查结果来看，当学生被问到“是否需要课前了解翻译理论和翻译手法”“线上资源是否充分利用”“是否满意教师点评和学生互评”“是否提高了对英语翻译学习的兴趣”时，调查均值在 4.25 至 4.67 之间。数据显示，学生对混合式教学模式下大学英语翻译教学翻转课堂的开展抱有极高的热情，充分体现出学生在学习过程中的主观能动性。可见，翻转课堂提高了学生的学习兴趣，增强了学生学习的信心。

借助互联网大数据技术，探索以翻转课堂为主的混合式教学模式使大学英语翻译教学进入了一个全新时代。教师充分融合线上和线下资源，借鉴传统课堂教学模式的优势，形成了一种课前准备、课中答疑、课后巩固的高效、便捷、创新的移动教学模式，该模式一定程度上解决了大学英语翻译教学死板、僵化的问题。学生学习的主观能动性被极大地调动起来，学生能更加自如地进行自主学习，强化了独立思考能力，养成了良好的学习习惯，提高了学习效率。总之，在当前的时代背景下，具有专业知识技能且有一定翻译能力的非英语专业学生的培养模式将是专家与学者们进一步探索的方向。

第三节　英语翻译混合式教学模式

目前，在中国“一带一路”倡议、中国传统文化“走出去”大战略的推动下，我国各专业翻译人才需求猛增。然而，当前的翻译人才库远远无法满足时代和市场的需求。笔者在分析现有的翻译人才培养教学模式所存在弊端的前提下，结合学生的认知特点，试图构建出融合传统课堂教学手段与现代多种信息技术、线上与线下相结合的新型混合式教学模式。因时而进，因势而新，创新创优教学，构建最佳的翻译人才培养机制，以便服务市场，促进社会进步。

在输出本国优势产品和引进国外先进技术时，国内对翻译人才的需求越发突出，对非英语专业学生翻译水平的要求日益凸显。然而，就目前形势而言，人才培养相对滞后，高等教育学校也已经意识到了过去的“教”与“学”不能满足现代知识型社会的需求，认为应当从课堂教学抓起，对当前的翻译课堂教学进行改革，赶上时代的步伐。

首先，大学英语翻译教学滞后，人们存在概念误区。教学翻译与翻译教学概念混淆，弱化了翻译教学和培养翻译能力的地位。翻译教学，即语法翻译教学法，是一种教学手段，贯穿于教学始末。它将输出语通过翻译的手段，借助输入语使学生深入准确地理解他语内容，从而掌握所学的语言知识，进而灵活运用。而教学翻译则是指在课堂上对翻译知识技能的传授，应当在教学中占一定的比重。其次，学生翻译能力的培养一直以来都是英语专业学生的必修课。而实际上，经济的全球化必然导致翻译领域的多元化和专业化。翻译人才的匮乏将无法准确、及时地消化国际社会巨大的信息流，进而导致我国失去大量有价值的信息。非外语专业的翻译教学必须从边缘走向中心，才能适应时代发展的要求。最后，课时少、班容量大、学生水平参差不齐，这些都使大学英语教学无法很好地开展翻译教学活动，无法让学生触及系统的翻译知识和技能，更别提一定的翻译实践活动。

当前的“互联网+”优势被运用到各行各业，因此在翻译教学改革中将其融入课堂教学，在英语教学中实践基于翻转课堂的混合式教学模式，将会是行之有效的教学方式。但这样做并不是简单地使用新的软件，而是要辅助学生利用网络技术以及社区资源逐渐去获得有效的学习策略。

一、翻转课堂的混合式教学模式在大学英语翻译教学中应用的理论依据

当前信息技术的高度发展从根本上改变了高等教育传统的“教”与“学”的方式，主要表现在课程的设置管理以及呈现方式上。翻转课堂的混合式教学模式是指运用翻转课堂的理念，并广泛应用现代化网络技术，将传统的面对面教学融入新型的线上学习管理体系中。

目前，基于翻转课堂的混合式教学模式的广泛应用取得了一定的成效。这是因为其课堂讨论所带来的学生“吸收内化”的学习过程效益的提升，能更好地符合学生的学习动机和认知负荷（cognitive load）特点。首先，在翻转课堂的理念中，学生在自我的激励下独立自主实施大量的课下活动任务。根据自觉理论（self-determination theory），有三种广泛应用的基本心理需求，即胜任、自主和关系。传统的教学课堂中，学生通常被动地接受知识传授，这样会失去学习的自主性以及胜任感。而翻转课堂的设计旨在利用课上时间，激励学生积极参与，因此更有可能满足学生的自主性及胜任感。同时，

学生通过积极参与课堂活动，更有可能获得与教师以及同学们之间的亲密归属感，即翻转课堂能激发学生的内部和外部的学习动机。

其次是认知负荷理论（CLT）。认知负荷理论由澳大利亚新南威尔士大学的认知心理学家约翰·斯威勒（John Sweller）于1988年首次提出："我们的工作记忆受制于一定的负荷种类，而超负荷的工作记忆会阻碍学习。"翻转课堂的核心理念就是将知识传输移出课堂，让学生在课外通过多种渠道自主习得知识，其结果就是能更好地管理操控认知负荷，促进学习，提高学习效率。比如，教师鼓励学生在课下通过看视频讲座的方式习得某理论知识，学生则可以通过暂停、回放、快进、跳过视频讲座的任意部分来选择学习内容，自由控制管理自己的工作记忆。因此，翻转课堂能在一定程度上适应不同水平的学生的不同需求，能取得更好的教学效果。

二、翻转课堂的混合式教学模式在大学英语翻译课堂上的具体设计

将基于翻转课堂的混合式教学模式应用于大学英语翻译教学，不是简单地将不同的网络手段及现代信息技术与传统的面对面课堂教学相互融合，而是要逐步使学生获得有效的学习策略。以下将从时间分配和任务设置等方面设计这种教学模式。具体为：面对面教学的交流占比多少，课后的线上学习交流占比多大；在这种教学模式下应采用何种学习策略和方法等。

首先，课前预习阶段。一般情况下，教师应在一周前布置下次课的学习任务，即学生应在该课前一周完成对将要学习内容的预习。对于大学英语翻译课来说，应当涉及基本的翻译理论知识，包括定义、翻译标准、中西方翻

译理论、翻译过程、翻译方法、基本的翻译技巧，以及译者的基本素养等内容。另外，翻译教学应包括大量的实践练习。在翻转课堂的理念下，教师应把下次课所涉及的知识点及相关翻译理论知识布置给学生，让学生在课后习得。学生可以通过不同的方式学习，如利用教师发放的知识点活页，TED、YouTube EDU、MOOC 等网络平台的资源。这些渠道学生大多可以在手机上操作，非常方便，且不受时空的限制，有很大的自由度。另外，在此阶段教师应当针对该堂课的理论知识点，设计相应的练习部分，发放给学生，以检测学生的掌握程度，加深其对理论部分的掌握。

其次，课中互动阶段。由于大学英语课程没有设置专门的翻译课堂，教师只能在综合英语课有限的时间内安排翻译方面的讲解和训练，完成一次知识点学习的时间大约需要 15～20 分钟。基于前期的自主线上学习，教师在这 15 分钟的时间内可以对学生的学习效果进行检测，抽查理论知识，采用小组的形式讨论之前的翻译练习，并给予点评、指导，与学生共同讨论最佳的翻译结果。教师可以监督并获知学生是否进行了课后的线上学习活动，或者线上学习后对理论知识的掌握程度以及能否加以运用。如果时间允许，教师在课堂上可继续提供相应的练习，巩固学生所学的知识。此过程克服了大学英语课时少、课堂容量大以及学生英语水平参差不齐的现状。同时增加了学生的课堂参与度，激发了学生的积极性，能收到良好的教学效果。

最后，课后巩固阶段。培养翻译能力、需要经历大量的翻译实践。对非英语专业的学生而言，实践更加重要。因此，课后的巩固练习必不可少。教师除了要求学生继续进行书面练习之外，还可以走进校外实习基地实践练习。通过实践学生可以不断总结经验，强化所学知识，从而达到灵活运用理论知识的目的。

需要强调的一点是，教师应要求所有的学生记录学习日志，并在每课或每单元任务完成之后将学习日志提交给教师。其内容可包括：课前线上学习所需时间；看相关视频或学习资料的次数；从此课中学到的词汇、概念等。通过记录日志，可以引导学生自我监督，从而调节学习过程，也为教师及时了解学生课后线上学习参与度提供了途径。

基于翻转课堂的混合式教学模式在大学英语翻译教学中的应用，不是传统的翻转，也不是简单的加合，而是重新构建翻译学习的过程。教师合理地将线上学习与线下的面对面教学有机融合，并融入多媒体资源以及其他现代网络技术，形成了课前预习一课中互动一课后巩固的有效的“教”与“学”模式。这样既符合学生的学习规律和动机，激发其积极性，又给了学生调控学习方式的自由度，从而提高了学习效率。同时，这种教学模式不受时空的限制，灵活度极大，解决了传统大学英语课堂上翻译教学的尴尬境地。总之，该教学模式在很大程度上可以改变目前翻译人才培养滞后的局面。该教学模式使课堂理论学习与社会实践应用相结合，学以致用，因时而进，因势而新，有助于成学校教育和社会实践紧密结合的教育方式。

这种新型的教学模式还有很多需要在实践中不断摸索改进的地方。例如，学生课下自我线上学习的孤独隔离感；由于缺乏教师的指导会产生一定的迷茫感；以及没有面对面教学的交流，会造成师生关系缺失等问题。这些都有待专家学者的进一步探究，探讨出在当前“融合”教育大背景下对翻译人才培养的创新、创优教学模式。

第四节　商务英语翻译混合式学习教学

混合式学习是一种发挥网络教学和传统课堂教学优势的新型学习模式，其特点是在传统课堂教学的基础上依托互联网平台和手机应用软件平台开展教学、管理、评估活动。商务英语翻译采取混合式学习模式，融合线上线下教学内容，转变教师和学生的角色，提高学生的翻译水平。商务英语教学通过互联网技术实现系统化、自主化、个性化的教学管理，构建数字化客观评价体系，从而培养高素质的翻译人才，实现智慧教学。

2013 年习近平提出“一带一路”倡议，中国与其他国家的交流与合作日益频繁，因此需要大批商务英语翻译人才，这也导致商务英语翻译实践面临巨大挑战。2015 年李克强提出“互联网+”行动计划，旨在推进互联网技术与各行各业的全面结合。互联网技术的发展为中国教育事业带来前所未有的机遇，商务英语翻译教学也要顺应时代发展，发挥互联网的优势，采用混合式学习模式，构建智慧教学模式，提高教学质量，培养优秀的翻译人才。如何依托互联网融合线上线下教学内容，如何有效利用课堂内外学习时间，如何转变教师和学生的角色，如何提高学生的英语水平，如何培养学生的自主学习能力，这些都是实现商务英语翻译智慧教学需要考虑的问题。

一、商务英语混合式教学的含义

何克抗教授认为，混合式教学就是有效融合传统课堂教学与网络教学，教学过程既要体现学生的主体地位，又要发挥教师的主导作用。混合式教学的特点是在开展传统课堂教学的基础上，依托网络平台和手机应用软件平台开展教学、管理和评估活动，使师生双方优势互补，提高教学效果。混合式教学在学习理论、学习方法、教学理念、学习环境、学习资源等方面融合多种模式。学习理论是认知主义、行为主义、建构主义的混合；学习方法是课堂教学、自定步调的自主学习和在线协作学习的混合；教学理念是以教师为中心和以学生为中心的混合；学习环境是学校、家庭等固定场所与互联网非固定场所的结合；学习资源是书本知识与数字化知识的结合。混合式教学既强调时空同步的课堂教学，又离不开自定步调的网络教学，教师可以通过微信群、QQ 群、公众号实现信息共享，组织学生进行个性化、碎片化网络教学，通过互联网提供的大数据加强教学管理和教学评估。这种立体化、多维度的混合式学习将成为培养商务翻译人才过程中的新常态。

二、商务英语翻译智慧教学的建构与实践

传统的商务英语翻译课堂以讲授翻译理论、进行翻译实践、分析翻译作品为主要教学流程，这种教学模式知识结构陈旧、教学环节枯燥、评估模式单一，无法发挥学生的主观能动性。智慧教学通过信息技术无缝整合全球优质教育资源，实现信息共享，学生可以随时随地按需学习。在智慧教学过程中，教师要根据学生的英语水平推送翻译材料，组织学生进行探究式学习；学生通过互联网平台获得学习资源，组建学习小组交流翻译心得；教师利用现代信息技术实现智能化、动态化的教学管理与教学评估。

（一）开展智慧教学的条件

随着 4G 技术、Wi-Fi 技术的普及，运用智能手机 APP 学习英语已经成为大学生的时尚。教师可以引导学生利用乘车、午休、课余等零散时间学习商务英语课程。首先，教师应引导学生结合自身英语水平合理选择 APP 应

用程序，并帮助学生制定切实可行的学习方案。基础比较薄弱的学生可选择有道词典、百词斩、口袋单词、边走边听背单词等手机 APP 学习英语词汇；基础比较好的学生可以使用商务英语口语、英语流利说、英语听力大全、英语趣配音等手机 APP 提高口语交际能力；英语水平较高的学生可以下载 *China Daily*、21 世纪英文报、听新闻学英语、有声双语小说等手机 APP，通过阅读了解时事政治和经典名著。师生间通过慕课平台、微信群、QQ 群交流或分享学习经验，教师也可以利用教学平台布置学习任务、进行教学管理、完成教学评价，实现指导、学习、评价等实时交流。

（二）搭建智慧教学的平台

商务英语课程要依托慕课、微课、微信、QQ、云盘、移动 APP 等移动互联网工具及信息技术搭建智慧教学平台，该平台包括教师管理平台、学生管理平台、教学资源平台三个方面。教师管理平台主要负责课前布置学习任务、进行师生交流、加强教学管理、完成教学评价等；学生管理平台负责接收学习任务、师生在线问答、小组协作探究、同学互动交流等；教学资源平台负责上传教学材料、上传微课视频、推荐手机 APP、推送慕课资源等。师生通过智慧教学平台开展传统课堂教学和网络教学，完成预习、授课、讨论、复习等各个学习环节。智慧教学平台有利于学生获取优质的学习资源、参与课堂教学活动，也有利于教师完成指导、监督、评估等教学任务。

（三）混合式教学的理念及方法

混合式教学理念是由传统的“以教为中心”转换为“以学为中心”，让学生成为教学的主体，教师更多地扮演着组织者、指导者的角色。教师融合多种教学方法，采取翻转课堂、任务驱动、协作探究、小组讨论等方法开展教学，既注重学生的个性化自主学习，又要加强小组协作学习能力。智慧教学模式下，师生可以摆脱传统课堂教学的时空束缚，教师可以在适当的时间采用适当的方法，提供适当的学习材料，激发学生主动思考问题、解决问题。这种混合式教学模式能够帮助学生主动获取知识及掌握学习方法，在协作探究过程中培养学生的团队合作精神，为今后商务英语翻译实践打下坚实的基础。

（四）混合式教学的教学设计及教学环境

混合式教学离不开传统的课堂教学，同时要为学生搭建网络学习平台，两者相互结合可以提高学生的英语水平，学生可以在课前、课中、课后递进式内化知识。

在实施混合式教学的过程中，课堂教学是必不可少的，教师要通过一系列的教学设计让学生参与翻译教学的全过程。首先，教师利用智慧教学平台将翻译资料以课件、微课的形式推送给学生，让学生课前预习相关内容并进行小组讨论；其次，教师在课堂教学过程中讲解翻译重难点内容，组织学生以小组为单位展示翻译作品，学生进行小组展示后，教师要组织学生进行讨论并及时给出建设性的意见，利用课件强化重、难点知识；最后，教师通过网络平台布置复习内容和翻译作业，学生必须在规定时间内提交翻译作品，教师也可以利用自动评分系统或者用人工评阅的形式将作业情况反馈给学生。教师要设计好教学环节，除授课外，教师要组织学生进行讨论、辩论、演示、角色扮演，并及时解答学生学习过程中出现的问题。课后教师应对教学效果、学习情况进行评价和反馈，确保顺利、高效地完成课堂教学活动。

学生要自主规划学习内容、提高学习能力、保证学习成效。教师和学生的角色也可以互换，双方都要对课程进行合理化建议和调整。

商务英语翻译教学也要通过网络实现个性化教学，各班级要创建学习小组，每组 3～5 名学生，小组成员要各负其责。首先，教师通过智慧教学平台布置学习任务，上传翻译资料，了解学生学习情况，分享翻译心得，实现资源共享；其次，教师根据学生的翻译水平和学习兴趣提供在线课程、翻译软件、试题库、英语学习 APP，学生需要根据自己的英语水平和喜好下载使用相关软件。教师通过网络平台和手机终端来管理学生的学习进度，解答相关问题，组织小组讨论，检测学习成果。通过网络课堂建设，教师能够在教学实践中改变传统课堂教学模式，运用新的教学理念，优化教学手段，充分发挥学生的主动性和创造性。

（五）3S 教学管理体系

3S（systematically，spontaneously，specifically）教学管理体系强调师生双方的教学管理作用，从而实现系统化、自主化、个性化的管理。

系统化（systematically）是指教师利用互联网平台提供的数据监控学生的学习情况，实现线上线下相结合的监管。教师要提醒学生按时完成学习任务，坚持每周检查学生的学习情况，通过交流平台了解学生在学习过程中遇到的问题并及时组织学生进行在线讨论，调动学生主动思考、集思广益。同时，教师需要及时汇总学生遇到的重点、难点问题，并在课堂上进行集中讲解。这种线上线下相结合的管理模式可以增强师生互动的即时性，提高学生的学习效率，教师也可以根据学生及大数据反馈的信息改进教学。

自主化（spontaneously）是指要发挥学生的主体作用，通过互联网的数据反馈功能促进学生提升自我管理能力，端正学习态度，养成良好的学习习惯。同时，要建立学习小组，发挥小组成员之间相互督促、相互鼓励的作用。

个性化（specifically）是指针对不同需求、不同级别的学生采用不同的管理模式，教学过程中要注重不同学生间的个体差异，通过大数据掌握每个学生的学习轨迹，对需要帮助的学生提供有针对性的、个性化的指导。

（六）动态化评估模式

以互联网技术为基础的混合式教学在教学活动过程中将产生大量的教学数据，教师要及时分析相关数据以便从宏观和微观的角度掌握学生的学习情况。大数据可以统计学生的学习成绩、学习时长、学习时间，教师通过对这些数据的梳理可以掌握学生的学习效果以及学习习惯，从而对学生做出客观、全面的评价。教师要摆脱经验主义的束缚，依据大规模的数据分析总结出教学规律，反思教学效果，充实教学内容，改进教学方法。

智慧教学是商务英语翻译教学改革的发展方向，在翻译教学过程中要通过互联网技术实现系统化、自主化、个性化的教学管理。智慧教学利用教学平台提供的大数据对学生的学习轨迹进行分析，教师能及时为学生提供即时的、有针对性的、个性化的指导。除了传统的课堂教学外，学生要充分利用碎片化网络教学模式来提高翻译水平，通过小组合作实现探究式学习。这种现实与虚拟相结合的教学模式能够提升学生的自主学习能力、团队合作能力和创新能力。信息技术和移动网络技术为商务英语教学提供了技术支持，改善了教学环境和条件。但是教师在教学过程中要在适当的时间，通过适当的技术，对学生传递适当的学习内容，以便取得最佳的学习效果，真正实现智慧教学。

第七章　英语翻译混合式教学实践研究

第一节　慕课的英语翻译混合式教学实践

将慕课（MOOC， massive open online course）、微课应用于英汉翻译混合式教学实践，是信息时代一些高校在转型背景下的大学英语课程教学改革的重要课题之一，对推进其他课程教学改革也有现实的示范价值和借鉴作用。教师可以通过蓝墨云班课 APP 教学平台在移动环境下完成教与学的设计与实施，借助智能手机的自媒体移动互联实现多边即时的资源推送、沟通分享和反馈评价，开启全新的移动教学体验。笔者分析了慕课、微课与蓝墨云班课平台应用英汉翻译混合式教学的必要性和优越性，借鉴“自媒体云连接”的翻转教学模式，结合金字塔理论的验证案例，以及混合式一拖三英汉翻译滚动训练的实践，探讨了通过慕课与蓝墨云班课教学平台实现英汉翻译混合式教学的实施策略。

在信息技术发达的时代，在以学生为主体的背景和教学理念下，利用慕课、微课实施翻转课堂教学的研究也成为国内外学者关注和探索的热点问题。其中理论性研究偏多，但对相关成果的实际应用研究还很少。关于慕课、微课在英汉翻译混合式教学中的应用，相关研究成果则更少。如何把慕课与蓝墨云班课教学平台实际应运用于英汉翻译混合式课堂，是本节研究的主要内容。

一、慕课与蓝墨云班课平台应用于英汉翻译混合式教学的必要性

在教育资源信息技术共享的平台上，人人可以为师，人人可以学习。同时，在形形色色、各式各样的信息咨询中，人们倾向于运用最短时、最简单的方式接受各种信息，而不倾向于长篇大论的知识。在课堂教学中，传统的以教师讲授、学生听讲为主的课堂教学模式已经不符合时代特征，也不适于信息化时代的教学。因此，如何利用信息技术提高课堂教学的有效性，特别是如何在短时间内让学生迅速掌握知识点，已经成为高校教师共同面临的问题。

蓝墨云班课是专为移动环境下教与学设计的教学平台，只需下载安装蓝墨云班课 APP，借助智能手机、笔记本电脑、平板电脑等数码产品，利用移动互联实现多边的即时资源推送、沟通分享和反馈评价，从而开启全新的移动教学体验。

笔者认为，把慕课和微课教学法应用于课堂教学中，也成为英汉翻译混合式教学改革的关键点。就其形式而言，“短小精悍”，以阐释某一知识点为目标；就其方法而言，利用视频等信息化技术表现；就其目标而言，加强教学趣味性，提高教学有效性。微课通常只有 10 分钟左右的时间，围绕一

个教学目标或主题，采用现代信息技术支撑下的教学方法，进行有指向性的、知识性的教学。英汉翻译混合式课堂涉及的知识体系非常庞大，知识点极其丰富，慕课、微课与蓝墨云班课平台的应用，能有效推进英汉翻译课堂教学改革的进程。

二、慕课与蓝墨云班课平台应用于英汉翻译混合式教学的优越性

（一）能有效地加快英汉翻译混合式教学的改革进程

在微时代和“互联网+”的时代背景下，慕课、微课与蓝墨云班课平台在英汉翻译混合式教学过程中的应用，一方面使传统的课程教学模式适应时代发展，使教学方法更加多样化，从而提高教学的有效性；另一方面，在英汉翻译混合式教学过程中的慕课、微课资源拓展了知识范围和教学地域范围，不仅有利于学生理解相关知识，也可以跨时间、跨地域被重复利用，使英汉翻译混合式教学的有效性和教学价值得到提高。

（二）突出学生在英汉翻译混合式教学中的主体地位

慕课、微课与蓝墨云班课平台在英汉翻译混合式教学中的应用，突出了学生在英语学习过程中的主体地位，使学生能够积极主动参与到翻译课堂教学中，真正实现翻转课堂的教学模式。教师制作的微课视频作为一种可以重复利用的资源，可供学生根据个体需要主动学习知识点，从而使课堂教学更富有个体化特征，使“一刀切”的模式有所改变。学生讨论的微课化形式有利于调动学生学习的主观能动性，使学生更积极、自觉地学习。讨论题目

微课的制作过程也会让学生从传统课堂“听众”的角色转变为“创作者”的角色，能有效锻炼学生的组织能力、语言表达能力、逻辑思维能力，并且发挥他们的特长与能力，为学生走向工作岗位打下一定的实践基础。

（三）慕课、微课在英汉翻译授课方式上注重点线面的结合

慕课、微课与蓝墨云班课平台在英汉翻译混合式教学中的应用，使授课方式从传统的以理论知识体系讲授为重点的教学模式转变为以知识点为重点的微课教学模式。这种授课方式在兼顾英汉翻译课程知识系统性和完整性的基础上，加强对重难点知识的英汉翻译混合式教学的倾斜，对重点内容投入更多的时间和精力。

传统的英汉翻译课程教学注重知识体系的建立，受有限的课堂教学时间的影响，教师并不能在课堂教学过程中讲到每一个知识点，也不可能兼顾英汉翻译课程方方面面的知识。教师课堂上的往往时间不够，不能深刻、全面地构建完整的知识体系。有些学生经过一学期、甚至几个学期后的学习后，依旧无法整体把握英汉翻译课程的知识要点。

综上所述，慕课、微课与蓝墨云班课平台在英汉翻译混合式教学，应通过强化交际训练等方式使学生对本门课程有更深入、更明确的认识。并且有更多机会通过交际实践来实施技能方面的研习，真正做到学有所长，而不是在课后学生对所学内容不知所云。慕课、微课与蓝墨云班课平台在英汉翻译混合式教学的应用过程中，一方面使学生能积极主动地学习，根据需求有针对性地开展学习；另一方面能促使教师转换思维，注重学生在教学过程中的参与度与表现力，用一种新的思考方式开展教学，从而加快英汉翻译课程的教学改革进程。

三、慕课与蓝墨云班课平台英汉翻译混合式教学的设计与实施

在英汉翻译混合式教学设计方面，借鉴“自媒体云连接”的翻转教学模式，并且经过金字塔理论的实践验证，实施混合式一拖三英汉翻译滚动训练，取得了良好的课堂教学效果。

（一）慕课与蓝墨云班课平台英汉翻译混合式教学的设计

1．借鉴“自媒体云连接”的翻转教学模式。

王延松等人在 2016 年发表了《“互联网+教育”背景下高校通识课程教学改革案例分析》，文中以“贾教师课堂”对接师生自媒体、构建智慧通识课程的实践探索为案例，呼吁高校教师在坚守教育公益属性的前提下弘扬教育发展与科技、人文深度融合的时代精神。张小虎副教授的《智慧教育视域下自媒体“云连接”的大学生写作模式效果简析》，也发表了相关看法。事实上，目前现代教学借助 APP 软件、直播平台、公众号、音频平台、微信、BBS 论坛等网络平台实现了由网络教学圈到自媒体“云连接”的转型发展，并且利用自媒体的“云连接”实施了混合式翻转教学。

2．关于金字塔理论的实践验证

“学习金字塔（cone of learning）”是由美国学者埃德加·戴尔（Edgar Dale）于 1946 年提出的。该理论认为，在所有的学习方式中，教授别人和实际应用的学习方式最为高效。金字塔理论从诞生至今，仍无确凿证据论证其真实性。然而目前社会上多数人依然认为这种“教别人”的学习方法很浪费时间。主要原因是教师面对的学生太多，很难用培训教师的方法来教学生。

笔者基于慕课与蓝墨云班课平台英汉翻译混合式教学实践证明：借助慕课、微课与蓝墨云班课平台，完全可以变不现实为现实、变不可能为可能。

（二）慕课与蓝墨云班课平台英汉翻译混合式教学的实施

根据笔者的教学实践，首先，在教学内容方面，要把课程庞大的知识体系划分成若干碎片化的知识点，使英汉翻译混合式教学内容微课化；其次，重点、难点知识用微课形式展现，使课堂教学内容生动而又多样化；最后，利用慕课、微课与蓝墨云班课平台实行翻转课堂，让学生积极、主动参与到学习过程中，进而提高他们的学习效率。

1. 教学内容微课化

教师在教学过程中应将整个知识体系划分为若干小的知识点，再进行教学，使学生需要掌握的知识碎片化，易于被接受。使整个课堂教学的内容微课程化，使学生在学习过程中对每一个碎片化的知识点有深刻认识，一步一个脚印，扎扎实实掌握基础知识点，从而达到对整个知识体系的掌握。教师应梳理整个课程知识体系，归纳总结出若干知识要点，把庞大、繁杂的知识点碎片化、细点化。在教学过程中形成一个个微型课程内容，易于学生学习掌握。基于微课教学模式框架，形成细化的、具有可操作性的微课教学实施计划和详细方案。

教学内容微课化，让学生见微知著，就是“小课堂大教学”。微课的规模较小，信息含量相对较少，内容相对零碎分散。不建议在全部过程中使用微课教学模式，应针对教学内容的重点和难点，开发有针对性的微课片段。采取微课教学法，运用多种教学手法集中阐释一个知识点。微课教学模式需要与传统课堂教学模式融合，发挥各自的优点，从而提高教学质量和教学效果。这就要求教师依据教学大纲，选择若干重难点进行微课内容设计，利用互联网等多样化手段使重难点问题更形象、更直观，容易被学生接受。

2．利用慕课、微课与蓝墨云班课平台进行翻转课堂教学

首先，教师可以制作微课视频或者推荐微课资源，利用慕课、微课与蓝墨云班课平台让学生在第一课堂之外，进行自主学习。将从前单一的课堂学习内容延伸到学生的课外时间，使学生能灵活利用个人的空余时间积极主动地学习，从而体现学生在学习中的主体地位。其次，教师可以提供有意义的课后讨论主题，一方面能体现单元课程内容的重点，另一方面便于进一步发挥学生的主观能动性，有效地调动学生学习的积极性。教师可根据具体情况将班级分为若干讨论小组，形成一个个教学小团队。每组选择一个讨论题目，通过自学和教师课堂讲授的形式进行资料收集，然后制作成微课，以课堂展示等方式展现本小组对所讨论问题的认识。这样的方式不仅让学生真正透彻地掌握知识要点，也极大调动了学生学习的积极性，培养学生积极思考问题的能力，优化了英汉翻译混合式教学的效果。

此环节能否有效实施，关键在于英语教师所提供的课堂讨论题目是否有意义，是否能让学生积极参与并且发挥个人所长。这就要求教师在提供课堂讨论题目时，兼顾多方面因素：既要和课程内容结合起来，通过讨论使学生对所学内容有更深入的理解，又要与学生的实际情况相结合，对学生的接受能力和理解能力有充分认识；既要让学生对所讲内容的精华进行提炼概括，又让学生发表自己的见解和认识。

第二节　慕课与翻转课堂英语翻译混合式教学实践

在高校大学英语教学中，传统的教学模式已经很难满足时代发展要求，后续课程是极其重要的。因此，有必要进行教学改革创新，即从慕课与翻转课堂的特点入手，结合专业英语翻译教学的现状，提出构建慕课与翻转课堂的专业英语翻译混合式教学模式的必要性及应采取的有效对策，以期更好地实现专业英语的教学目标，满足学生的学习需求。

随着数字化时代的教育改革发展，慕课和翻转课堂逐渐步入人们的视野。将两种教学模式融合运用到大学英语教学中，对专业英语翻译教学开展具有重要意义。“慕课+翻转课堂”模式的主要特点是规模大、对外开放、学生学习的自主性强。这种教学模式能激发学生的学习兴趣，在一定程度上提高学生的英语学习质量。应用“慕课+翻转课堂”模式时可以从课前材料准备、课堂活动开展、课后评价考核三个方面进行。

一、慕课与翻转课堂的内涵及特点

（一）慕课的兴起及特点

慕课（MOOC, massive open online course）是指大规模开放在线课程。北京大学慕课工作组组长李晓明为慕课进行了定义：慕课即以互联网为平台，能使人们大规模参与进来，由主讲教师负责的，并能使讲课视频、作业练习、论坛活动、测验考试等要素融合的教学过程。人们对教育的美好憧憬就是实现教育的公平民主，这也是慕课兴起的根本原因。信息技术是慕课得以顺利进行的必要条件，教学应以此为依托，同时将“互动与反馈”环节当成重点部分着重强调， 大力推进“网络教学”。慕课具体有如下特点。

一是在线。与传统课堂相比，慕课的优势是能实现学生自主性的学习，学生能根据自己的时间来灵活安排网络教学的节奏。学生们可以将数据分析当作必要的参考，再加上学习后台对学习过程以及学习行为的记录，这些都可以用来评价学习效果，从而使教师对教学进行适当的调整。

二是开放。慕课与传统的视频公开课有着明显的区别，它的重点是能将开放的静态学习资源转化为开放的学习过程。慕课的开放不仅体现在教学资源开放上，还体现在互动、参与、教学和评价过程，这也是教学理念开放的体现。在此基础上，才能真正实现从以教学内容为中心转变为以学生学习为中心的开放课程的变革。慕课的推广使学生获得优质教育的成本明显降低，任何人在任何地方都能学习名校名师的课程。

三是多样性与及时性评价。传统课堂的评价方式侧重过程性，而慕课的评价方式则不同，它的重点是及时性、多样性、多元性。

（二）翻转课堂的内涵及特点

翻转课堂是新技术发展背景下出现的一种课堂教学形式。客观来说，翻转课堂并不是慕课的直属体系，但两者有很多共性。它们都运用互联网多媒体技术，都展示了教学过程中的声画同步，并彻底打破以往刻板的教学模式。师生之间能实现课上课下、线上线下的互动交流。知识传授与知识内化两个阶段是翻转课堂的核心。翻转课堂的特点主要体现在以下三方面：

第一，翻转课堂教学打破了传统课堂教学模式。翻转课堂采用的不再是课堂教师讲授、课下学生复习的传统模式。在课堂内容上，也不再是教师的

"讲与读"和学生的"听与记"，而是学生课前梳理知识点与教学内容的自主学习方式。在这一基础上进行讨论、答疑、小组活动与问题研究等，就形成了翻转课堂。

第二，教学资源上借助于微课视频。翻转课堂使教学形式更丰富灵活，翻转课堂以短小精练的微课视频为依托，从传统的纸质教材与 PPT 中脱离出来，也对授课教师提出了更高的要求。学生在课前可以自己查阅相关资料、观看视频，提前预习要学的知识点，再对知识点进行检测，以便了解自己对知识的掌握情况。在课堂上，教师要多组织一些活动，多为学生答疑解惑，使他们加深对所学知识的印象，真正达到内化与吸收知识。

第三，教师与学生的身份有所调整。教师一改往日知识传授者的形象与课堂引导者的地位，成为教学过程的组织者和策划者。学生角色也有所翻转，由被动的知识接受者转变为主动的求知探索者，真正成为课堂的主体，积极主动地学习知识，同时学生也是主动学习思考的参与者。

二、慕课与翻转课堂的专业英语翻译混合式教学模式构建的必要性

慕课与翻转课堂相辅相成。慕课与传统课堂的本质区别在于其优质、精练、灵活与互动的视频教学。目前以"慕课"为代表的教学模式正在不断壮大与发展，它的出现使以往的教学手段和传统的授课模式被彻底颠覆，体现了线上与线下学习相结合的特点。课堂教授与课外教学相结合的混合式教学模式能实现优势互惠，而要将慕课融入传统课堂中，就必须借助翻转课堂。翻转课堂为慕课带来了更大价值，慕课也为翻转课堂提供了最佳网络教学

平台。两种教学理念相同，教学模式优势互补，传统课堂的教学结构由此被颠覆，师生角色也被重新定义。尽管慕课的建设受到广大学者的关注，但在其建设过程中仍存在很多不足，如杂乱的课程内容、不健全的学习体系、学习效果难估量及学习效率低。此外，慕课的主要意图是培养学生的学习自主性，这就给学生增加了压力。事实上，学生中普遍存在着自我管理能力差的问题，所以慕课的实施并未达到预期效果。由此可见，要想发挥慕课的最大作用，还需要翻转课堂做辅助。英语教师利用翻转课堂教学模式，可以面对面地辅导学生，还能对学生的学习情况做出反馈，及时加强慕课教学模式下的网络沟通，从根本上弥补教师、学生互不见面的不足。这种模式为慕课引入课堂竞争及面授激励机制，也为学生提供一个真实学习情景。使学生能对所学知识进行内化，有利于拓展学生的思维，学生的学习效率也明显得到提高。

在信息技术发展的推动下，结合慕课与翻转课堂的专业英语翻译混合式教学模式，改变了以往单向的教学信息反馈模式。由此形成了学生间互动、师生互动的教学机制，使学习环境更合理、更个性化，也很好地衔接课堂之外与课堂之上、线上与线下的教学活动，优化教学效果，提高整体教学质量。在大学英语翻译教学体系中，慕课与翻转课堂同时应用势必会掀起一场学科教育革命。结合慕课与翻转课堂的专业英语翻译混合式教学模式结合了传统课堂教学的精髓，以新兴的科技教学模式为依托，实现教学体系的创新。在英语课程的内容和评价方面，慕课能够提供大体框架，而翻转课堂的重点在于能更丰富课堂教学模式以及框架内部的内容，将二者结合后能充分展现大学英语翻译教学的可能性。因此，慕课与翻转课堂的结合对专业英语翻译混合式教学模式质量的提高具有重要的意义。

三、慕课与翻转课堂的专业英语翻译混合式教学模式构建的对策

（一）课前材料的准备与分析

教学目标、教学内容、教学环境、学生特点等几方面是大学英语教师在专业英语翻译开始前就必须规划好的内容。教师需要按照教学目标及教学大纲对教学内容做出规划，不断细化知识点，从中找出彼此之间的联系。与此同时，英语教师要分解细化所定的教学目标，分解的主要用意是甄选出面授内容、上课前自主学习内容以及课下需要拓展的内容，将这些分析清楚后，就可以使各环节都能得到合理的衔接。为了能提高英语课程的针对性，减少教师的授课时间，学生必须做好课前预习。

从专业英语翻译来看，课前预习主要包括对本次课的预习和整门英语课程的预习。在讲课前，英语教师一般可以充分利用慕课平台，在此基础上设计合理的教学课程，以便更全面地掌握英汉互译课程的基本教学内容及所采用的授课方式。每名学生都可以建立一个专门的交流账号，学生在预习时遇到翻译问题可以随时进行交流。学生在预习阶段要加强自身的学习能力，利用业余时间自学，这就使教师在一定程度上能控制授课时间，学生也有更多自己的学习时间，在这个时间内学生可以相互讨论、共同研究，这对学生英语能力的整体提高有重要意义。因此，翻转课堂授课时间短是符合大学英语学习特点的。学生参与其中，加强了对专业知识的理解，师生之间加强了互动，同学之间也增进了交流。

（二）慕课视频、在线互动、练习测试与学习设计

在教学目标细化的情况下，应该对慕课视频的数量、长度及其内容做合理的设计。在专业英语翻译的过程中，教师可以通过短视频的方式为学生介绍翻译策略、专业英语的特点及理论知识，这样学生就能对教学内容有整体的了解。此外，经过测试练习后，教师应给予客观评价，这样能拓展学生的思维，带动学生进行更深入的思考。慕课所提供的视频资源又是翻转课堂的关键，这些教学视频对学生来说有重要作用，学生可以将其充分利用起来，根据学习情况来掌握自己的学习进度。授课视频不受限制，无论学生是在课堂上还是在课外都能随时观看，学习环境更轻松。此外，学生还能在慕课论坛中与教师和同学进行交流和讨论，有利于学生解决自己所遇到的难题。因英语文章以及一些汉语知识都有较强的专业性，并且晦涩难懂，难以理解，所以在英语翻译学习中，很可能会影响到学生学习英语的积极性，将自己置身于课堂学习之外。针对这一情况，英语教师科在教学中采用翻转课堂教学模式，将文字、图像、声音结合在一起，与学生面对面交流，带动学生主动学习，增强其自主性。

（三）组织课堂知识点与活动设计

基于慕课与翻转课堂的专业英语翻译混合式教学课堂的灵魂在于，利用慕课系统在课前完成传授知识内容的部分，课堂上以知识的内化作为重要内容。因此，组织面授知识点并设计好课堂活动对混合式教学模式来说是非常关键的环节。因为专业英语翻译具有实践性的特点，设计的混合式课堂知识点的适用模式就是横向与纵向相结合。在横向组织中，教师要将课程翻译工具性认识的局限性打破，多结合一些实际案例，帮助学生从更感性的方

面去认识专业英语翻译。对比来说，教师在纵向组织中，经过对知识点的概述以及分解，可以做一些专业翻译练习、小组讨论活动，也可以对专业英语翻译技巧、要求与策略等做具体的讲解分析。这样做的目的是启发学生独立思考，培养他们的辩证思维。

（四）加强课后的互动与监督

在慕课与翻转课堂的专业英语翻译混合式教学模式构建中，除现有的课堂活动，英语教师课下也要尽可能多地与学生进行互动，加强对学生的监督管理，保证学生在课前课后都能有效率地学习。例如，学生可以观看网络上那些由教师制作的视频，教师通过点击量、浏览量就可以了解到学生在课前的视频观看情况。课前，学生们观看了教学视频后，教师就可以在网上为学生布置作业来练习，当学生完成这些练习后要进行提交，这样教师就能在网络上为学生批阅。通过这些必要的练习，学生能更好地掌握所学的内容。教师在课堂上可以为学生详细讲解学习中存在的问题，彻底消除学生的疑惑。另一方面，教师也要监督学生课前是否进行操练，这样就能避免因学生的懒惰而导致翻转课堂只停留在形式层面上。不仅要加强师生间的互动，也要加强生生互动，可以建立一个班级共享平台，在平台上学生提出问题或是与同学交流心得体会等。教师应给学习成绩较好的学生适当增加一些练习量，或是为他们布置一些有更大难度的翻译练习，做到因材施教，让学生各取所需。

在运用慕课、翻转课堂后，整个英语教学都发生了较大的变化。慕课能以学生感兴趣的网络媒体为载体，不仅为学生们提供了更轻松的学习空间，更满足了学生对不同学科知识点的个性化学习需求。学生可根据自己的实际需求选择性学习，做到知识的巩固及强化，还能查缺补漏，这也是学生课外个性化阅读和学习得以延伸的最好载体。翻转课堂则是用来检测慕课学习过程的最好场所。

慕课内容主要由教学团队共同设计开发并制定，按人才培养方案将人才的综合素养要求分析整理出来，将其分解成知识能力点。在专业英语翻译学习中，英语教师利用慕课指导学生学习在本门课程中出现的与其他课程关联的知识，课程间的界限由此被打破。英语教师可以在专业英语翻译教学的一门课程中布置慕课的学习内容，而在另外一门课程学习中做翻转检查。运用这样的方法在减少学时的同时，也加强了英语翻译之间知识与能力培养的必然联系。

综上所述，基于慕课与翻转课堂的混合式教学模式在大学专业英语翻译教学中已经取得了较好的学习效果，但也在一些方面存在阻碍，如体制、观念等方面。因此，英语教师要转变传统的教学观念，引导学生自主学习，并结合线上学习与课堂教学两种方式，掌握专业英语的翻译技巧。总之，慕课与翻转课堂的专业英语翻译混合式教学模式将成为未来英语翻译教学的主要模式。

第三节　高职英语翻译混合式教学实践

作为一种创新的教学模式，混合式教学模式在英语教学中可以被广泛地应用。这种教学模式在高职英语翻译教学的应用过程中发挥了积极作用，很多学生受益于这种模式，其英语的实际应用能力得到了很大程度的提升。

当然这种教学模式也存在一些问题，本节将通过混合式教学模式在高职英语翻译教学的应用中遇到的问题和解决方案展开阐述。

一、目前高职英语翻译教学中有待解决的问题

（一）教材知识陈旧

当前高职院校所使用的教材大多出自多年以前，教材内容与现实严重脱节，学生所学内容无法满足当前社会发展所需要的知识容量。很多已经被淘汰的翻译技法还出现在高职英语翻译教学的课堂上，在实际应用中没有发挥余地。

（二）教学模式单调

教学模式直接影响着学生的学习效果。在传统课堂教学模式中，教师在讲台上照本宣科，学生埋头苦记，学生的学习更多是被动的，因此无法调动学生学习英语的积极性，其学习效果大打折扣。

（三）师资力量不足

高职院校教师多是按照课本的设置，流程化地为学生讲课，英语翻译的教学模板永远是老三样——朗读课文、课文汉译英、背诵课文。这种方法不能说没效果，至少应对考试够用，可是面对实际应用的场景，学生会缺乏信心、暴露缺点。

二、混合式教学模式在高职英语翻译教学中应用的必要性

在现行条件下，高职院校的英语教学普遍是大班制。如何提高大班制教学的质量和效果，越来越受到教师的重视。互联网技术的逐步成熟，成功地推动了媒体教学的发展。有些人虽然对混合式教学模式还比较陌生，但了解“慕课”“可汗学院”。混合式教学模式其实就是将传统的教学手段与在线教育，按照一定的观点和方法，科学地整合到一起的教学模式。这种新型的教学模式可以帮助学生顺利地学习并掌握英语知识，从而提高学习效果。兰州某高等专科学校把一个年级的近二百名学生作为研究对象，把这些学生分成两个班级，分别采用传统学习模式和混合式教学模式教学。经过大量的实验和测试，分析后的结果表明，混合式教学模式的多互动性特点能有效提高学生学习的主动性和积极性，使学生的英语应用交际能力有显著的提升。其他方面，如听说读写等能力，也都有不同程度的提高。这一测试结果再一次验证了将混合式教学模式应用在英语翻译教学中的必要性。

三、混合式教学模式在高职英语翻译教学中的应用策略

既然高职院校在传统英语翻译教学中存在问题，我们也找到了更优化的、可以解决这些问题的教学模式，那么怎样把这种模式具体落实到教学中呢？笔者认为教师可以从以下几方面着手。

（一）私人定制课程包

教师可以设计出一些不同领域、不同主题的课程包，让学生根据自己的兴趣和特点，选择学习不同的主题课程。这种私人定制课程包的形式不仅具有灵活性和自主性，还能调动学生学习的积极性。

例如，某些学生的口语表达能力比较突出，其他方面表现平平，教师就可以通过私人定制课程包的形式，帮助他充分发挥特长。从国内外大量演讲辩论类视频中精选出三观端正、符合我国国情及教育大纲范畴的内容，让学生大量模仿并创新。学校需要大力支持，为学生搭建辩论演讲或者其他形式的舞台，鼓励他们大胆实践、大胆创新。学校可以举办校际主题演讲大赛，也可以就当前的热点事件或观点举办辩论赛，开展辩论活动。这种针对性强的课程不仅能提高学生的英语表达能力，还可以使学生的思辨能力得到提升。与此同时，在准备大赛的过程中也可以锻炼学生的团队合作能力。

按照这种思路，教师可以为擅长书面表达的学生设计适合英语文学写作的成才路径。通过开放学校图书馆，为学生提供可以大量查阅原文著作的途径，还可以举办征文比赛，开展英文读书会，甚至通过鼓励学生发表英语文学著作等方式做课程设计。学生学到的知识不再局限于教材的有限内容，还能掌握贴近真实职场的技能，有利于学生步入社会后的技能发挥。

这种个性化定制的学习方式使学生能在其擅长的领域发挥能力，不仅充分调动了学生的学习积极性，激发了他们内在的学习动力，还为他们日后走向社会奠定了坚实的基础。

（二）利用网络平台丰富教育资源

如今科技高速发展，“慕课”“可汗学院”在国外盛行。这种教学模式的优点是灵活性强，学生可以根据自己的作息自由地选择学习时间、学习环境和学习内容。

相较于985、211之类的高等院校，高职院校的教育资源存在不足。如果高职院校能够敢于打破传统教育的模式，投入相应的技术力量，搭建一个类似可汗学院那样的网络教育平台，通过与985、211院校的校际合作，引进一些本校不具备条件开设的优质课程，那么高职院校的学生就可避免因为教育资源的限制而产生的技能和就业屏障。

学校可以通过与 CCtalk、网易云课堂等网络教育平台合作，开发一些学生在高职院校无法获取的课程，也可以与国外同类知名院校联合开发课程。这样不仅可以让学生有机会学习到国外教育体系的知识，弥补现有教育体系缺失的部分，还可以通过平台与国外建立连接，为学生未来发展提供更多的可能性。

当然，这种教学模式对学生的自主学习能力和自我管理能力提出了较高的要求，意志力和自控力相对薄弱的学生不太适合这种学习模式。

（三）“混合双打”走天下

学生的学习能力各不相同。同一堂课，有的学生“吃不饱”，教师讲的内容不够学；有的学生则“吃到撑”，无法接受大量的知识信息。有一个“秘笈”可以完美解决这个难题，那就是“混合双打”。

教师可以把教室划分成两个区域，一边是面授区，另一边是网络教学区。或者是按照学生接受新知的程度，把他们分成几个不同的班级，采取分级模式展开教学。那些“吃不饱”的学生可以在完成本节课的学习任务之后，到网络教学区，针对自己需要强化的部分，选择对应的课程自主学习，也可以向教师提出自己的疑问或观点，与教师进行交流。国外教育界已经广泛关注并验证了这种教学方式。在国内，也曾有院校验证过这种混合式教学模式。

兰州某专科院校曾在2008级的学生中做过这项研究试验。把这届学生分成两种班型，一个班采用传统的教学模式，另外一个班则采用混合式教学模式。在经过了几个阶段的实验之后，分别从翻译、写作、听力、阅读理解、语法等几个方面进行了测试。

测试过程是：在某一单元开始学习前，教师把学生分成两个班级，其中一个班按照正常的教学流程和模式进行。教师依然会在课前根据教学大纲，把需要预习和查阅资料的内容布置给学生。课堂上，教师沿用传统的教学模式，围绕大纲和教材传授知识点，让学生学习单词课文，提炼句型，讲解语法，把重点和难点单独讲解等。课后，教师会布置适量的作业及练习卷，帮助学生巩固课堂上学到的知识点。

采取混合式教学模式的班级，第一步与传统模式的班级基本是一样的，教师也是在课前布置预习任务，同时鼓励学生多思考，带着问题进入课堂听课。课堂上，教师会先请几名学生提出自己在预习和查阅资料过程中遇到的问题。教师也不急着解决这些问题，而是把它们先放在一边，接下来会用整堂课大约三分之一的时间，像传统的教学模式那样，围绕大纲和教材讲授重点知识、语法、句型、翻译等。余下三分之二的时间，则是把刚开始上课时学生提出的疑问拿出来，通过辩论、头脑风暴等互动式交流，解决这些问题。课后除了少量必要的书面作业之外，教师会让学生查阅一些从课堂中延展出来的课题，鼓励他们把自己的发现和问题列出来，待下节课讨论。

一个单元结束之后，教师同时对这两个班的学生进行测试，测试结果显示：采用传统模式教学班级的学生，在写作、听力、阅读理解这几部分的成绩有不同程度的提高，但是在口语表达、语法以及翻译部分提高不大。采用混合模式教学班级的学生，无论是在写作、听力、阅读理解方面，还是在口语表达、语法及翻译部分都有很大程度的提高。

出现这一结果的原因是，混合式教学模式打破了传统课堂教学模式中“教师讲、学生听”的学习方式，师生间的互动交流更多，也更注重英语的实际应用，这些变革对促进学生深度思考、激发学习热情起到了非常积极的作用。所以采用混合式模式教学班级的学生无论是卷面成绩还是英语的应用能力，都有了很大程度的提高。这个实验结果无疑验证了：在高职院校，英语翻译的教学采取混合式教学模式，不仅可以提高学生的卷面成绩，还对学生的英语交际和实际应用能力的提升起到巨大的作用。

混合式教学并不是将传统授课模式和互联网教学，像拼积木一样简单地拼接到一起，而是把线上和线下的学习资源合理地整合起来，发挥各自的优势，借鉴其成功的经验，达到优势互补的教学目的。采用混合式教学模式教学对提高学生成绩非常显著，通过科学有效地利用这些资源，可以使原本学习能力较弱的学生，成绩大幅度提升，学生英语的应用能力也能得到最大限度的提升。

第四节　大学英语汉译英翻译课程混合式教学实践

本节探讨混合式教学模式在大学英语汉译英翻译课程当中的应用，探索提升学生自主学习能力的三大途径，即采用真实的教学环境展开教学，有针对性地指导学生自主学习，课堂采用启发式教学法激发学生的学习兴趣。混合式教学模式能够提高学生的跨文化交际能力和思辨能力。

一、文献综述

国内也有学者对混合式教学做了理论和实践方面的探索，韩锡斌等学者利用网络教学平台结合各自专业课程进行了实证研究，表明混合式教学模式具有更佳的教学效果。蒋鑫等学者也指出，在“互联网+”的背景下，混合式教学模式的设计与开发有助于推动我国教育事业的发展。郭晶提出混合课程建设有利于培养学生的自主学习能力；赵群分析构建了混合课程的考核评价体系；孙众指出利用学习分析技术进行有效教学干预是动态设计混合课程的基础。国内学者从师生关系、自主学习能力、考核评价体系、动态设计等角度，以实证研究及理论探索等不同方式推动了相关课程的建设和实施。

国内外学者在探索混合课程所具有的教育潜力的同时，也客观地指出了可能遇到的挑战和问题。梁林认为，教学平台的应用多为较低的网络辅助教学层面，与教学融合的深度不够；张静发现在混合课程实践过程中的抄袭问题；金英善分析了混合课程教学对高校教师提出的更高要求。同时，混合式学习也对学生自主学习能力和自我管理能力等提出了更高的要求。

二、应用与探讨

在英语翻译中，学生基本都能掌握重要的汉英翻译理论和翻译技巧，并通过翻译练习提高自己的翻译能力。传统课程主要采用教师讲授和课堂练习相结合的授课方式，但这种方式存在两个问题：第一，翻译理论的学习主要是记忆和理解的过程，教师在课堂上讲解翻译理论必定会占用大量上课时间，影响课堂效率；第二，课堂练习和思考时间有限，造成部分学生无法积极在课堂上练习或者练习内容不够充分，影响了授课效果。

当今大学生思维活跃，热爱参与，拥有独特的个性，喜欢独立思考和创造，渴望获得教师和同学的认可。采用混合式教学模式能够充分发挥学生的特质。混合式教学模式合理分配学生的课前、课后任务，采用网络平台指导学生进行翻译理论的自学，做好基础准备工作，而后结合实地翻译调研和课堂调研报告。这样可以提高教学效率和效果，同时提高学生的自学能力和思辨能力。

混合式教学模式的效果如何受学生自主学习能力的影响。要保证教学效果，必须提升学生的自主学习能力。第一，用真实的活动情境促进学生自主学习。教师可采用调研翻译案例的形式，让学生处于真实情境之中。要解决现实生活中的翻译问题，学生必须通过课前网络课程学习掌握基本的翻译理论和技巧。第二，有针对性地指导学生自主学习。教师精心挑选翻译课程内容并录制微课，有计划有条理地指导学生自主学习，在网络课程中为学生提供充足的自主学习资源，鼓励学生探索适合自己的学习方法。第三，课堂采用启发式教学法激发学生的学习兴趣。学生首先对现实生活中的翻译案例进行调研，在课堂上对翻译调研情况进行报告，由教师进行点评。与此同时，学生应回顾翻译理论和技巧在案例中的体现。教师要通过网络课程资源教会学生自学的方法和途径，是学生能够在课堂上展示和检验自学成果，形成良性学习习惯。

混合式教学模式能够提高学生的跨文化交际能力。以课程中的一次文化旅游景点调研为例，学生在调研前通过网络平台学习了翻译的跨文化交际功能和翻译技巧。之后，学生进行了实地调研并撰写了相关调研报告，在报告中不仅指出了文化旅游景点中文化性标示翻译存在的问题，还充分考虑到标示翻译的质量对文化交流的影响。例如，学生在调研某文化馆时给出以下评价："富有特色的文化场馆，更应该另附英文，让文化更好地传播，但中国的历史文化也不能失其本质，保留相应的中国文字更能突显中国文化的深厚底蕴。"这段文字体现了学生的文化自信，也体现了学生对中外文化交流的理解。有的学生在红色文化旅游景区的调研报告中提到："对红军游击队训练班的介绍只有汉语，无法向更多人展示中国革命的伟大面貌。"这段文字体现了学生的爱国主义情怀。在旗袍博物馆的报告中有这样的评价："旗袍博物馆内陈列的旗袍，没有具体的介绍，如设计师、设计时间、所属种类、所属年代、设计思路等。不利于参观者特别是青少年和国外游客更好地了解所参展的旗袍及其文化内涵。"这段评价展现了学生的跨文化交际意识，也展现了学生的文化自信。这些报告的内容都体现了学生在网络课堂中对翻译的跨文化交际功能这一重要学习目标的理解和实践。

混合式教学模式能够提高学生的思辨能力。网络课程设计融入了学生思辨能力培养的问题，帮助学生养成批判性的思维方式。例如，学生在一处存在安全隐患的景点中，细心地发现“石灯已松动，孩童勿攀爬”的标志没有英文翻译，于是提出英文标示的缺失对外国游客的安全保护存在疏忽。学生报告还提出“博物馆应该配备大量消防安全的标识”。另外，学生们在调研报告中不仅给出了翻译建议，还从旅游管理层面对导游提出了建议，如“当地政府应该提高对炮台遗址景区的关注度，当地有关部门可从附近旅游院校或旅游组织中招募有良好英语基础的人才，或与当地外语院校合作，培养合格的英语导游人才”。这些报告的内容都体现了混合式教学模式的优势，使学生更加生动地体会到了知识在指导实践中的作用，也体会到了提高思辨能力的作用。

参考文献

[1]向明友.论言语配置的新经济原则[J].外语教学与研究，2002（5）：309-316.

[2]唐庆华.试论语言学研究的跨学科趋势[J].学术论坛，2009（7）：150-154.

[3]杨自俭.语言多学科研究与应用[M].南宁：广西教育出版社，2002.

[4]况新华，谢华.国内语用学研究概述[J].外语与外语教学，2002（6）：6-8.

[5]张新红，何自然.语用翻译：语用学在翻译理论中的应用[J].现代外语，2001（3）：286，292.

[6]何兆雄.语用学文献选读[M].上海：上海外语教育出版社，2003.

[7]骆裴娅.经济语言学视域下的广告语言[J].重庆工学院学报，2009（4）：142-145.

[8]王爱琴.基于本土实用文本的翻译教学[J].中国科技翻译，2009（4）：29.

[9]梁雪松.外贸产品样本的典型误译与评析[J].中国科技翻译，2009（1）：30-31.

[10]李健.认知图式理论在翻译教学中的应用[J].长春工程学院学报（社会科学版），2014，15（2）：146-148.

[11]赵海燕.认知图式理论在商务翻译教学中的应用[J].长春金融高等专科学校学报，2013（1）：55-57.

[12]武光军.翻译课程设计的理论体系与范式[J].中国翻译，2006（9）：14-16.

[13]教育部高等教育司.大学英语课程教学要求[M].北京：高等教育出版社，2007：1-4.

[14]S. D. KRASHEN. Second Language Acquisition and Second Language Learning[M].

Oxford: Pergamon, 1981.

[15]仲伟合.译员的知识结构与口译课程设置[J].中国翻译，2003（4）：27.

[16]苗菊，朱琳.认知视角下的翻译思维与翻译教学研究[J].外语教学，2010（1）：98-100.

[17]吕立松，穆雷.计算机辅助翻译技术与翻译教学[J].外语界，2007（3）：35-43.